INNOVATION AND DEVELOPMENT

汽车4S店
创新发展系列

汽车4S店
活动策划实战全攻略
品牌推广+人气打造+实战案例

刘军 编

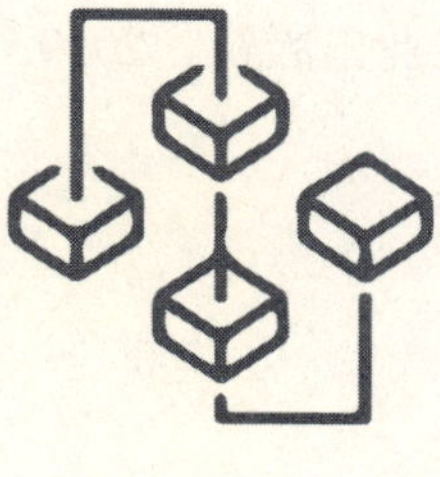

化学工业出版社
·北京·

本书首先从活动策划的认知、活动策划的要点、活动策划的流程这三个方面对汽车4S店的各种策划活动进行了概述，使读者有一个概括性的认识，再一一详细阐述汽车4S店营销活动、假日促销活动、车展活动、巡展活动、厂家活动、庆典活动、会员活动、公益活动的策划要点、方法和细节，并提供了大量的策划方案。

本书中所提供的大量范本可供4S店各级管理人员使用，将其复制后，再根据所在品牌汽车4S店的实际情况进行个性化修改，就可运用到管理当中，从而提高汽车4S店活动策划的工作效率。

图书在版编目（CIP）数据

汽车4S店活动策划实战全攻略：品牌推广+人气打造+实战案例/刘军编. —北京：化学工业出版社，2019.7
（汽车4S店创新发展系列）
ISBN 978-7-122-34290-4

Ⅰ.①汽… Ⅱ.①刘… Ⅲ.①汽车-专业商店-经营管理 Ⅳ.①F717.5

中国版本图书馆CIP数据核字（2019）第066388号

责任编辑：辛 田　　文字编辑：冯国庆
责任校对：张雨彤　　装帧设计：尹琳琳

出版发行：化学工业出版社（北京市东城区青年湖南街13号 邮政编码100011）
印　　装：三河市延风印装有限公司
787mm×1092mm 1/16 印张$10^3/_4$ 字数240千字 2019年6月北京第1版第1次印刷

购书咨询：010-64518888　　售后服务：010-64518899
网　　址：http://www.cip.com.cn
凡购买本书，如有缺损质量问题，本社销售中心负责调换。

定　价：48.00元

前言

PREFACE

近年来，整个汽车市场正在发生新的变化，我国汽车流通领域的实践模式也在不断进化，多年成熟运作的汽车4S店单一渠道正在被打破。随着我国汽车供需环境变化，以新渠道、新消费、新交易为主的形式正在改变传统汽车流通市场的发展。

汽车服务行业转型升级是市场发展的内在要求，也必然带来市场业态的深刻变化。特别是“互联网+”思维的渗透，让汽车4S店这个传统行业遭遇前所未有的挑战，而汽修技术信息公开及同质配件等政策出台，对汽车4S店产生的冲击则更为直接。虽然汽车市场发生了很大的变化，也受到来自于互联网的冲击，但4S店仍然是最主流的汽车销售渠道模式。当然，汽车4S店面临的竞争也会更加激烈。汽车4S店如何在异常激烈的竞争中求得生存和发展，抢占一定的市场份额，怎样积极探索、开发新的经济增长点，是每家汽车4S店经营者都不得不思考的问题。总体而言，汽车4S店的经营者，须从企业盈利能力、服务创新能力、运营管理能力、营销创新能力四个维度进行全面思考，打造核心团队，做好绩效考核，创新管理模式和营销模式，建设企业文化，控制管理成本等，这样才能不断提升核心竞争力，在日益竞争的市场中占有更多的市场份额。

基于此，我们结合汽车4S店各岗位的特点和实际工作的需要，在充分调研和现场实操的基础上，开发了“汽车4S店创新发展系列”图书，具体包括《汽车4S店活动策划实战全攻略：品牌推广+人气打造+实战案例》《汽车4S店销售顾问训练手册：提问+口才+技巧》《汽车4S店财务管理与税务审计全程通》《汽车4S店全程运作与创新管理》。

《汽车4S店活动策划实战全攻略：品牌推广+人气打造+实战案例》一书主要从汽车4S店活动策划概述、汽车4S店营销活动策划、汽车4S店假日促销活动策划、汽车4S店车展活动策划、汽车4S店巡展活动策划、汽车4S店厂家活动策划、汽车4S店庆典活动策划、汽车4S店会员活动策划、汽车4S店公益活动策划等方面对于汽车4S店活动策划实战提供了一种思路和借鉴。

本书由深圳市时代华商企业管理咨询有限公司策划，刘军编写，在编写过程中得到了众多汽车4S店的一线管理人员和咨询机构培训老师的帮助与支持，同时，也参阅了大量的文献资料，借出版之际，谨向相关人士表示衷心的感谢。最后全书由滕宝红审核完成。

由于笔者水平有限，疏漏之处在所难免，敬请读者谅解，并不吝赐教。本书部分资料引自互联网媒体，其中有些未能一一与原作者取得联系，请您看到本书后及时与笔者联系。

编者

目 录

CONTENTS

第七章 汽车4S店庆典活动策划

01

第一章 Chapter One

汽车4S店活动策划概述

第一节　活动策划认知

一、活动策划的概念

活动策划是提高市场占有率的有效行为，一份可执行、可操作、创意突出的活动策划案，可有效提升企业的知名度及品牌美誉度。

活动策划案是相对于市场策划案而言的，严格说它们同属市场策划的兄弟分支，活动策划、市场策划是相辅相成、相互联系的。市场策划和活动策划都从属于企业的整体营销思想，只有在此前提下做出的市场策划案和活动策划案才兼具整体性及延续性，也只有这样，才能够有效地使受众群体认同一个品牌的文化内涵。

二、活动策划的功能

一般来说，活动策划具有下图所示的功能。

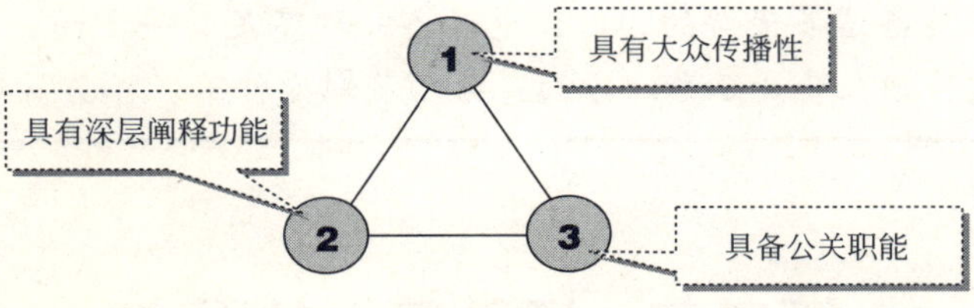

活动策划的功能

1. 具有大众传播性

一个好的活动策划一定会注重受众的参与性及互动性。有的活动策划会把公益性也引入活动中来，这本身既与报纸媒体一贯的公信力相结合，又能激发品牌在群众中的美誉度。甚至活动的本身就具有一定的新闻价值，能够在第一时间传播出去，引起公众的注意。

2. 具有深层阐释功能

广告本身所具有的属性，决定了它不可以采取全面陈述的方式来表现，但是通过活动策划，可以用把客户需要表达的东西说得明明白白。因此，活动策划可以把企业要传达的目标信息传播得更准确、详尽。

3. 具备公关职能

活动策划往往是围绕一个主题展开的，通过这个主题的开展，最大限度地树立起品牌形象，从而使消费者不单单从产品中获得使用价值，更从中获得精神层面的满足与喜悦：广告宣传，尤其是公益广告的宣传，有时也能够取得公关效应，但远不能与活动策划公关职能的实效性、立体性相比。

三、活动策划的优势

活动策划具有以下两个方面的优势。

1. 经济性优势

传统的广告宣传形式已经进入成熟期，包括广告宣传费用越来越透明，价格折扣余地很小，企业通过广告宣传动辄需要成百上千万元的广告费。与此相比，一次促销活动的成本远远小于广告费用，但又能够很快取得效果，同时更直接地接触到消费者，及时获得市场反馈。

2. 延时性优势

一个好的活动策划可以进行二次传播。所谓“二次传播”，就是一个活动发布出来之后，别的媒体纷纷转载，活动策划的影响被延时了。

策划一点通：

活动策划在具备诸多优势的同时，也具备一些不足。一方面，活动策划往往不能脱离广告宣传独立展开；另一方面，活动策划操作不当容易引起受众排斥。

第二节　活动策划的要点

一、活动吸引度

一个活动发起的关键和好坏主要就是两个字“吸引”，吸引用户来关注或者是参与也是这个活动发起的条件，所以在策划活动前这个活动要先吸引自己，策划主题要能够引起流量人群的好奇心，由好奇心到关注，再到参与。

二、活动可信度

一个活动的主题可以吸引到相关用户的关注，那么如何让这个关注人群的目光一直关注下去呢？无外乎是这个活动的信任度了。对于知名度不高的汽车4S店可以尝试寻找一些知名度比较高的合作伙伴，也就是所谓的“借力”，这样可以通过这个力度使自身人气和知名度扩大。

三、活动的执行度

对于活动步骤、活动时间、突发件事等各个方面的问题，都要有相关人员去关注和监督，如果在这中间出现了问题，引起用户的不满，那么前期的准备也是徒劳的，效果也会大打折扣，严重点的可能会给汽车4S店带来负面影响。

四、活动宣传度

活动后期的宣传，让更多的用户参与，实现最大的品牌宣传效应。宣传可以通过各种方式进行，宣传到位才能让更多的人了解这个活动，吸引更多的人去参加这个活动，这也是活动的最终目的，宣传到位，这个活动的规模和初衷也就实现了。

第三节　活动策划的流程

一、明确活动的目的

汽车4S店开展汽车促销活动的目的是什么？市场的现状又是怎样的？是新车上市？是提高汽车销量？还是提高汽车品牌的知名度？只有活动目的明确，才能做到有的放矢。

二、选择合适的活动主题

活动要给消费者耳目一新的感觉，就必须有一个好的活动主题。因此，活动主题设计有下图所示的几个基本要求。

要求一	有冲击力，让消费者看后记忆深刻
要求二	有吸引力，让消费者产生兴趣，比如很多厂家用悬念主题吸引消费者探究心理
要求三	主题词简短易记

活动主题设计的基本要求

不同的节日，汽车4S店所做的促销活动的主题都有所不同。

比如，三八妇女节，促销的主题可以是以女性为主，主推一些适合女性的车型。又或者是国庆节，选择什么样的促销主题，汽车4S店首先要考虑到活动的目标、竞争条件和环境及促销的费用预算与分配。而且最重要的一点是，在确定主题之后，淡化促销的目的，使活动更接近消费者，更打动消费者。

三、明确产品受众人群

受众人群分析是很重要的，把主要客户分析出来，然后针对客户进行宣传、买礼品、设置广告词等。根据汽车找对应的人群，什么车适合什么样的人群。通过分析受众人群，可以让活动效果更明显。

比如，公务员一般喜欢内敛些的车；私营企业负责人一般偏重张扬些而且配置豪华的车；喜欢改装的人，比较重视车辆的动力性与操控性；刚学会开车的人，一般要求就是代步练手，重视经济性、维修便宜等。

四、挑选恰当的活动时间

一般来说，汽车4S店做活动的时间都是选在节假日，一来顺理成章，二来节假日更多的人有空余时间关注活动，平时都是上班匆匆忙忙的，很难去理会工作之外的事物，所以活动挑选的时间基本直接关系到活动的效果。

选择适当的促销活动时间和地点往往能达到事半功倍的效果，选择不好便会费力不讨好。所以，促销活动的时间和地点的选择应尽量能让消费者方便。活动的举办持续时间应该是重点分析的。

五、让活动具有吸引力

怎么样才能让活动变得更有吸引力呢？套用逻辑思维的一句话，就是“有种，有趣，有料”。

1.有种

坚持做活动的理念，不为了活动而活动。现在厂家都有指标压力，每个月甚至每个星期都有活动要求，用户已经对这种频繁的骚扰感到反感。市场活动就是为了集客，售后活动就是为了提高基盘用户的忠诚度。在活动过程中融入自家品牌和经销商品牌的理念，让车主能感受到品牌的关怀和含义。做事情还是要回归本真的。

2.有趣

活动的设计要与时俱进。

比如试驾活动，很多车主很喜欢试驾，通过现场的专业人员的讲解，这些车主体验到可能直到车卖掉都不会用到的功能。试驾过程的“推背感”，现场的尖叫声，不同品牌的同级别车的对抗赛等都能给车主留下深刻的印象。尤其是讲车环节的设计特别体现活动组织者的用心，有的高端品牌通过互动游戏的方式，让刚刚参加完试驾活动的热血澎湃的车主又体验到了不同的有趣情节。

3. 有料

对不同的用户设计符合他们需求的活动。现在流行的圈层营销方法，对人群进行细分，进行精准人群分类活动设计等，都是根据车主的特点去推广这些活动。

比如，对车主的喜好进行分析，针对喜欢安静、休闲活动的客户推广看电影、读书会等活动；对喜欢冒险、新潮的车主推广新车对抗赛、攀岩等活动。如果给一个喜欢看看书、聊聊天的用户推广攀岩的活动，只会让车主觉得厌烦。

六、选好活动礼品

选择一份合适的汽车活动礼品，不仅能表达对客户的关爱和感谢，同时又巩固、加强了公司与客户之间已有的良好友谊关系。对于活动礼品的选择，汽车4S店要注意下图所示的几个问题。

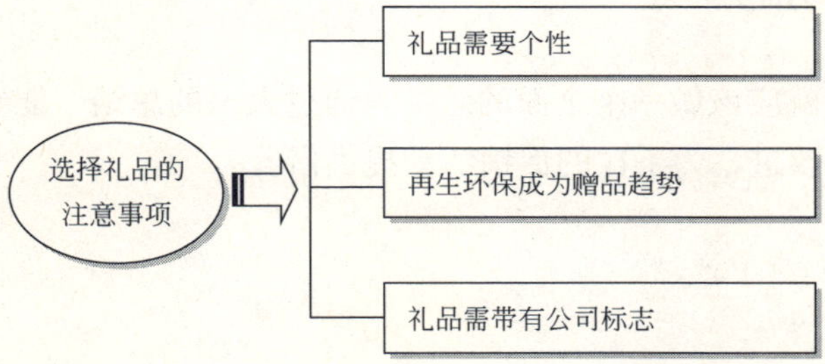

选择礼品的注意事项

1. 礼品需要个性

汽车4S店赠品紧随潮流，除了反映时下流行的色彩、花样、设计和功能外，还应兼具时尚新颖、有趣别致的个性。

2. 再生环保成为赠品趋势

赠品注重材质的环保，尝试运用不同于以往的传统性材料，以增加产品附加值及新鲜感。比如，硅胶防滑垫，以及竹炭包挂件或者枕头等。

3. 礼品需带有公司标志

汽车4S店流行的赠品包括有汽车标示的纸巾盒、圆珠笔、打火机、记事簿、坐垫、抱枕、雨伞、钥匙链等，杯子也是非常受欢迎的赠品之一，优点是方便实用，成本效益好，而且不受潮流影响，因此成为人们喜爱的赠品。

策划一点通：

汽车4S店活动礼品是一种促销手段，这样可以起到扩大汽车销量、提高企业形象的作用。对于商家而言，选择合适的礼品，不仅可以传达出自己的心意，而且能达到宣传促销的效果，能起到事半功倍之效。

七、进行活动的宣传

汽车4S店可以通过媒体来进行促销活动的宣传。比如利用电视、报纸、海报的方式；树立广告牌；通过网站广告来宣传。

八、做好活动的预算

一个好的促销活动，仅仅是靠一个好的点子是不够的。所以对促销活动的费用投入和产出应做出预算。

九、总结活动的不足

促销活动结束，就应该做一个全面的总结。通过大家的总结，能够清楚了解到促销活动的不足之处，从而改进，为下次的促销活动提供借鉴。

02
第二章 Chapter Two

汽车4S店营销活动策划

第一节 广告营销活动策划

一、广告营销的认知

广告营销是指企业通过广告对产品展开宣传推广，促成消费者直接购买，扩大产品销售，提高企业知名度、美誉度和影响力的活动。

广告是为了某种特定的需要，通过一定形式的媒体，公开而广泛地向公众传递信息的宣传手段。汽车4S店的广告宣传，是提升来店/电量非常有效、很普及的一种传播手段，可以有效提升汽车4S店曝光度。

无论是传统媒介，还是网络传播，给人们提供了非常方便的购物指南。在当前，各种信息不断冲进人们的视线，信息停留在人脑海里的时间非常短暂，所以汽车4S店应当积极寻找既有创意又有效果的广告，把握宣传效果，促进汽车销售。

二、电台广告营销策划

电台广告是一种线形传播，听众无法回头思考、查询。因此应善于运用口语或者生动具体的广告词语来进行表述，不要过于烦琐，尽量少用重句，能够使听众一听就明白、一听就懂，这样才能产生绝佳的广告效果。具体来说，汽车4S店在策划电台广告时，应抓住下图所示的要点。

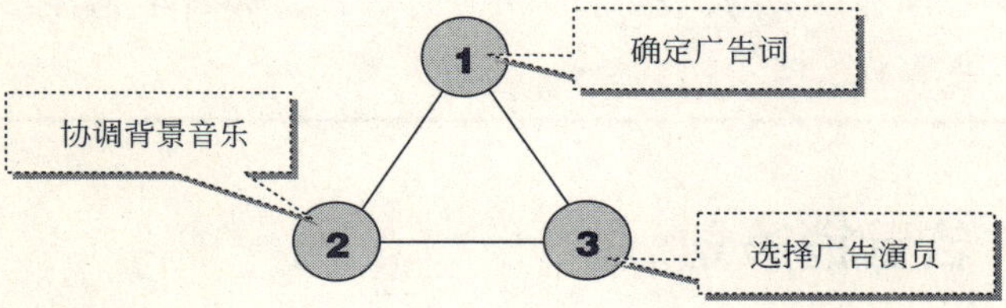

电台广告营销的要点

1. 确定广告词

电台广告主要通过声音来传递信息，所以广告词要清楚、明白、易于理解和记忆，使消费者通过收听广告对产品的品牌、价格有一个详细的了解。创作电台广告时的注意事项如下表所示。

电台广告制作注意事项

序号	事项	具体说明
1	广告词简明易懂	尽量简短，多用短句，少用修饰语，注意口语化、地方化，最好能在广告一开始就切入产品的主题
2	播音速度适中	节奏太慢会显得拖沓沉闷，而节奏太快又会让听众难以听清楚或者听起来感到疲劳，所以语速一定要适中，不能太快，也不能太慢
3	重复朗读	反复朗诵电台广告中的某些词句，主要有两个作用，一是鼓动作用；二是加强记忆。特别是针对品牌的广告，只有反复进行诉求，才会增强听众的记忆
4	增强吸引力	电台广告的开头一定要有特色，必须立刻抓住听众的注意力

2. 协调背景音乐

在电台广告中，背景音乐主要有三个作用：一是引起听众兴趣，避免广告太过平淡、单调；二是营造气氛与情调，加深听众对产品的印象；三是突出广告主题，增强广告感染力。

策划一点通：

在广告中配音乐，首先要注意使其与广告主题相协调，音乐选择得当，可以更好地突出广告主题；其次音量要适中，不要使背景音乐的音量盖过广告词。

3. 选择广告演员

在电台广告的制作过程中，演员的选择同样是很重要的一个环节。像一般的陈述式、对话式广告往往都选择播音员来播读，但是由于听众对播音员的声音比较熟悉，很难产生新鲜感，尤其是有些情节性的广告需要各种不同角色的演员来扮演，如父亲、母亲、孩子等，因此可从话剧演员、电影演员、配音演员中选择，以进一步增强电台广告的吸引力。

策划一点通：

现在，许多电台都设有与汽车行业相关的栏目，如新车推荐之类的，有专门的记者负责汽车类活动策划等。

三、电视广告营销策划

电视广告是一种经由电视传播的广告形式，通常用来宣传商品、服务、组织、概念等。大部分电视广告是由广告公司制作的，并且向电视台购买播放时数。

电视广告截图

如今，各种电视广告让客户目不暇接，因此只有富有创意的广告才能吸引客户。那么，汽车4S店该如何提高自己的电视广告创意水平呢？这就需要汽车4S店从电视广告的社会大环境入手，站在客户的角度去审视电视广告创意，具体如下图所示。

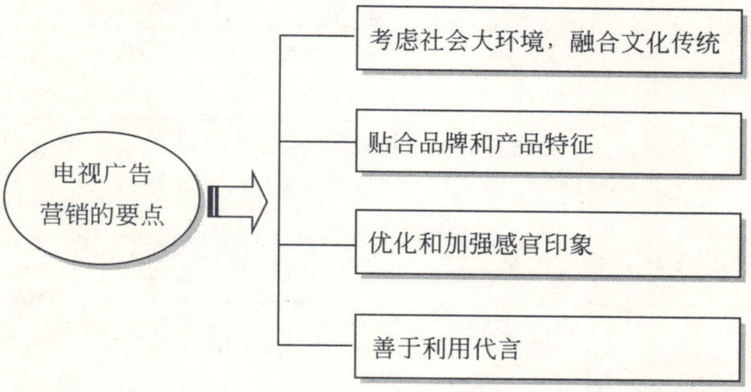

电视广告营销的要点

1. 考虑社会大环境，融合文化传统

汽车经销电视广告作为社会文化体系的一部分，必须融合社会的特点，考虑公众的普遍心理，尊重多种文化习俗。不同国家的传统文化与民族尊严都应该得到尊重，任何广告文化都受其民族传统文化、习俗与民族心理的影响。

2. 贴合品牌和产品特征

一个好的电视广告创意必须有一份完善的广告策划案作为支持。电视广告作为产品宣传的一种方式，其目标是提高产品的销售量和公司的整体营销效果。

产品必须有独特的销售主张和明确的定位，这样才能在消费者心中占有一个独特的位置，才能加深消费者对产品的印象，引发消费者的购买欲望。

3. 优化和加强感官印象

电视广告创意作品必须追求视觉形象的大众化，在色彩、构图、音乐等方面符合受众的审美需求。

比如，针对年轻人的产品要突出活力和个性，在色彩方面要求亮丽点。创意的情感诉求也是很重要的一方面。

4. 善于利用代言

利用名人代言是常见的广告方式，但是应该慎重选择代言的明星，尽量选择与品牌产品关联度高的代言人。

四、报纸广告营销策划

报纸广告是以文字和图画为主要载体来向客户传递企业和产品信息，它不像其他广告媒体如电视广告等受到时间的限制，可以反复阅读、便于保存。

1. 报纸广告的形式

常见的报纸广告形式有以下几种，具体如下表所示。

报纸广告形式

序号	形式	特点	备注
1	报花广告	广告版面很小，形式特殊，突出品牌或企业名称、电话、地址及企业赞助之类的内容	采用一种陈述性表述
2	报眼广告	报眼是指横排版报纸报头一侧的版面，它的版面面积不大，但位置十分显著、重要，容易引人注目	比其他版面广告更容易引起客户的关注
3	半通栏广告	广告版面较小，而且众多广告排列在一起，互相干扰，广告效果容易互相削弱	注意广告超凡脱俗、新颖独特
4	单通栏广告	最常见的一种版面，符合人们的正常视觉	版面自身有一定的说服力
5	双通栏广告	在版面面积上，它是单通栏广告的两倍。凡适于报纸广告的结构类型、表现形式和语言风格都可以在这里运用	
6	半版广告	半版、整版和跨版广告，均称为大版面广告	
7	整版广告	单版广告中最大的版面，给人以视野开阔、气势恢宏的感觉	
8	跨版广告	刊登在两个或两个以上的报纸版面上，一般有整版跨板、半版跨板、1/4版跨版等几种形式	

2. 报纸广告的特点

① 报纸可以反复阅读，便于保存、剪贴和编辑。

② 能给客户较充分的时间来接收信息，更容易给读者留下深刻的印象，且信息表达较为精确，成本也较低。

③ 报纸广告传播速度慢于电视、电台，传播范围也小于电视、电台，且受到受众的文化程度限制。

3. 适用范围

报纸广告适合做特别活动等方面的广告，也可以登载一些优惠券，让读者剪下来凭券享受优惠服务。不过要注意登载的频率、版面、色彩等。

策划一点通：

现在许多城市的晚报、商报等都市生活类报纸都设有汽车专版，汽车4S店可以选择合适的版面刊登广告。

五、杂志广告营销策划

杂志可分为专业性杂志、行业性杂志、消费者杂志等。杂志广告具有以下特点。

① 针对性强，专业性强，范围相对固定，即不同的人阅读不同的杂志，便于汽车经销商根据目标对象选择其常读的杂志投放广告。

② 储存信息量大，图文并茂，专栏较多、较全，且纸张、印刷质量高，对消费者心理影响显著。

③ 出版周期长，适用于时效性不强的广告。

由于各类杂志的读者群体比较明确，因此汽车经销商可以有针对性地选择合适的杂志发布营销广告。

杂志广告截图

汽车行业杂志主要有《汽车之友》《车主之友》《轿车情报》《汽车导购》《中国汽车画报》《汽车杂志》等。

六、户外广告营销策划

一般把设置在户外的广告叫作户外广告。常见的户外广告有路边广告牌、高立柱广告牌（俗称高炮）、灯箱和霓虹灯广告牌、LED看板等，现在甚至有升空气球、飞艇等先进的户外广告形式。

1. 公交车广告营销

我国人口众多，这决定了公共交通的绝对重要性和未来发达程度。同时，也给公交车广告的发展提供了巨大的空间。

公交车广告的发布形式主要有以下几种。

（1）公交车车身广告　当人们说起公交车广告时，最先想到的就是公交车车身广告，公交车车身广告无疑是最受人们关注的广告形式。因为公交车车身广告覆盖在公交车车身两侧，且广告面积大，有很强的流动性，广告效益传播得快而远，以各种形式创意“声名远噪”，备受广告主的青睐。

公交车车身广告截图

公交车车身广告的发布形式主要包括下图所示的三种。

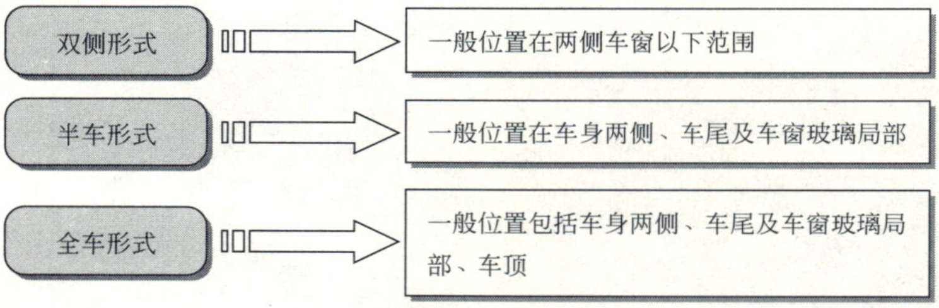

公交车车身广告的发布形式

（2）公交车车载电视广告　公交车车载电视广告也具有比较强力的广告传播途径，可以在公交路途中通过音频和视频向乘客传递信息。因为在乘车过程中，广告信息大，广告表现形式丰富，公益性和盈利性广告交替播放，更能达到广告的传播效果。

（3）公交车拉手广告　当广告创意与人的上肢运动巧妙结合，引起日常生活情景共鸣的时候，会给人留下深刻的印象，增加产品或品牌的好感度。投放公交车拉手广告的价格也比其他公交车广告价格低。

（4）公交车座椅广告　一是将广告页面放置于透明夹层里固定在椅背后面；二是直接将广告文字印在座套上；三是用线拴着掉在椅背后面，处于倾斜状态的小册子。

（5）公交车内挂板广告　公交车内挂板广告，位置在座椅的上方，都是以图文展现的广告形式，一般与人眼睛大致平行，方便了广告的展现，空闲的乘客可以很详细地看完全部广告，提供了广告传播的机会。

（6）公交车语音报站广告　公交车语音报站广告几乎是每个乘客都会接收到的广告信息，可谓是公交车广告转化率最高的广告形式了，可以迅速建立或维护品牌知名度，此种广告形式多是大家都熟知的。

（7）公交车车门广告　展示区域相对狭小，其需要拉伸的特殊性，使它可以被单独应用，对车外人群也有一定的曝光度。

2. 地铁广告营销

地铁广告截图

随着中国城市规模的快速扩大，地铁网络得以迅速发展。地铁媒体在受众数量、受众质量以及媒体传播环境等衡量媒体价值的重要指标上得到有力提升，成为企业传达信息的有效媒介渠道。

（1）地铁广告的特点　地铁广告的特点如下表所示。

地铁广告的特点

序号	特点	具体说明
1	关注度高	据统计，乘客在地铁站内的停留时间平均为30分钟，包括候车时间4分钟、乘车时间26分钟，在这段时间内，他们会比较关注地铁广告
2	投放灵活，创意多	突破常规的灯箱形式，多种媒体组合，创意空间无限
3	视觉效果好	洁净舒适、无干扰的媒体环境，体现高端品质形象
4	覆盖面广	每条地铁线均为城市公共交通网络的重要组成部分，每日为数以万计的市民出行提供方便
5	接触频次密	相对稳定的上下班及购物人流，每天多次重复接触广告

（2）地铁静态广告的主要发布位置　地铁静态广告的主要发布位置如下表所示。

地铁静态广告的主要发布位置

序号	发布位置	具体说明
1	车厢内海报	在车厢内形成独特的广告环境，乘客在行程内全程接收广告信息
2	月台灯箱	位于地铁候车站台内，以高视觉效果展示信息，最适合发布新产品或树立品牌形象
3	通道海报	位于地铁站通道内，是乘客必经之路，与目标受众直接接触，最适合产品短期营销
4	通道灯箱	位于地铁各站通道内，除具备海报优势外，其超薄的灯箱外形、高品位的媒体形象有助于提升品牌美誉度，有效提高过往乘客的消费欲望

续表

序号	发布位置	具体说明
5	通道灯箱长廊	分布在乘客最为集中的几条通道内，与目标客户有长时间的交流机会，使乘客过目不忘
6	月台灯箱长廊	最具创意性的轰动型媒体，创造独家展示的强势氛围
7	扶梯侧墙海报	位于扶梯侧墙，直接面对出入口上下楼梯的乘客，价格便宜，是理想的营销媒体，整条扶梯可以展示一系列产品，或者以一式多样的广告画面营造强烈的视觉效果
8	大型墙贴	位于地铁最精华的站点，展示面积巨大，适合知名品牌维护与提升品牌形象，是新品上市营销的最佳选择
9	特殊位	位于地铁站出入口或者售票点上方，位置独特，面积庞大，非常醒目，适合品牌形象展示

（3）地铁视频广告　地铁视频广告不仅包括各种静态宣传画，也包括动态视频广告。现在，地铁的站台与车厢内全都装有收视终端，编织成了一个庞大的播出网络，乘客无论身处何处都可以轻易收视，拥有其他媒体无法比拟的广告平台。

3. 电梯广告营销

电梯广告是户外广告的一种类型，因其针对性强、费用低，所以最适合于餐厅产品的宣传推广。它是镶嵌在城市小区住宅楼、商务楼、商住楼等电梯内特制镜框里的印刷品广告载体。

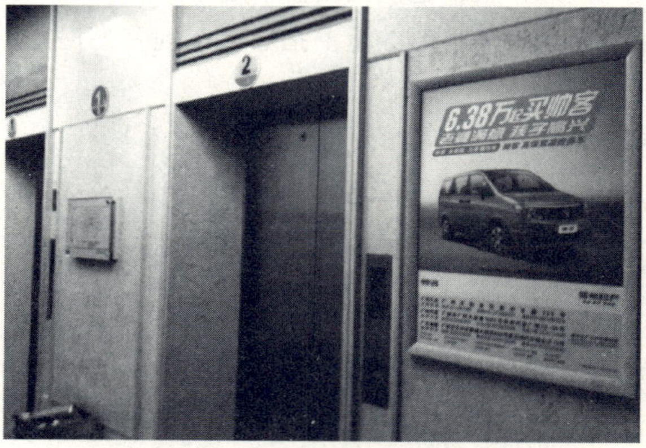

电梯广告截图

电梯广告是一种富有创意的非传统媒介，能直接、有效地针对目标受众传达广告信息。据测算，凡居住或工作在高层住宅楼的用户，每人每天平均乘坐电梯五次，电梯广告至少有三次闯入他们的视线，这样的高接触频率使其具有更好的传播效果。

现代城市高楼林立，电梯楼也越来越多，在既有效又经济的前提下，从众多的楼房中选择出有效的电梯作为推广场所也就显得尤为重要。

① 选择的楼房应是入住率在80%以上的住宅楼或写字楼。

② 根据当地电梯楼的数量和密度制订投放计划，一般情况下，应一次性覆盖2～3个区域，精选7～8部电梯实施投放。

③ 向该预选楼房电梯广告代理公司咨询广告投放的相关事宜。

④ 电梯广告因其针对性强，在操作时可考虑以新车发布为主。

4. 路牌广告营销

路牌广告是指在公路或交通要道两侧，利用喷绘或灯箱所发布的广告，它是户外广告的一种重要形式。

路牌广告截图

（1）路牌广告的特点　路牌广告可以根据地区的特点选择合适的广告形式，可以对经常在附近活动的固定消费者进行反复宣传，使其印象深刻。

（2）路牌广告的分类　路牌广告可分为平面广告和立体广告两大类。平面路牌广告包括招贴广告、海报、条幅等。立体广告则包括霓虹灯、广告柱及广告塔灯、灯箱广告等。

5. 候车亭广告营销

候车亭广告是指在公交车候车亭内建一个长方体灯箱，在灯箱的正反两面添加画面，用以广告宣传，也称公交车站台灯箱广告。矗立于人流中转站的候车亭广告，能使人在等待中感受一种视觉上的愉悦，集观赏性、细读性于一体。同时候车亭提供夜间照明系统，令画面更具视觉冲击力，以非常贴近的方式将品牌信息随时随地地传递给消费者。

候车亭广告截图

候车亭广告营销具有如下特点。

① 候车亭广告的目标受众是准备购买汽车的消费者，它可以在适当的地点、恰当的时间，利用科学合理的点位组合，将广告发布的边际效果最大化。

② 候车亭广告发布合同最短为2个星期，可以说是最能灵活配合广告营销策略的媒体

之一了。当汽车商家欲向大众发布新车上市的信息时，在候车亭上发布铺天盖地的广告能在短时间内起到广而告之的作用，不但费用经济，而且效果十分显著。

③ 候车亭媒体是一种强制的、固定的媒体，每天24小时，一周7天反复地向目标消费者传递广告信息。

④ 由于候车亭广告的受众是流动的人群，而受众对该媒体具有一定的主动性，受众可以停下来看，在车上反复地看，等车时无聊也看，也可对该广告感兴趣时再看。清晰、反复的信息传递能够非常有效的从外部刺激消费者，驱动消费者心底的购买欲望，最终采取购买行动。

七、广告营销方案

下面提供一份××4S店广告宣传推广的方案，仅供参考。

【范本】

××汽车4S店广告宣传推广方案

一、传播策略

在确定整体形象策略之后，针对汽车4S店整体宣传构想，本公司初步提出形象塑造“四化战术”。

1. 主题系列化

对汽车4S店的品牌形象、有形资源确定整体核心主题后，根据不同阶段确立相应的主题，循序渐进。

2. 宣传新闻化

在营销过程中，密切与主流媒体合作，大量使用软性炒作文章进行汽车4S店价值形象提升和信息发布工作。

3. 公关节点化

配合汽车4S店品牌发展建设，不断递进重要事件的影响节点，通过清晰、鲜明的系列化公关、宣传等活动强化和提升汽车4S店品牌形象。

4. 宣传阶段化

配合不同的主题和节点，调整宣传的力度、途径以及具体方式，以高效的宣传组合实现品牌形象阶段性目标。

二、媒体策略

以报版软文宣传为主，附以平面形象广告，以及网络形象宣传，扩大影响力。软文与新闻线并进，以汽车4S店的品牌升级与服务提速为新闻聚焦，形成媒体炒作的热点。结合户外及公关形象宣传，形成立体宣传效果，达成媒体热点聚焦。

三、主题推广语

采用××系列的广告语即可，毕竟已经深入人心。

四、促销活动

① 地面活动推广秀。通过本次地面推广活动，让主城区绝大部分目标消费者知晓汽车4S店开业的信息，并在第一时间传达有关汽车4S店的新信息，唤起目标消费者的消费激情，抢占、瓜分目前大好市场。

活动内容规划：推广秀的活动内容将以娱乐和歌舞的形式全力传达汽车4S店新特色，通过抽奖领取小礼品、现场派发DM单等辅助手段，对汽车4S店的品牌形象与服务做精彩的演绎，并在活动中穿插汽车知识介绍、汽车保修保养咨询。

活动地点：当地广场或者汽车4S店的附近。

② 自驾游出征启动仪式。目前自驾游是旅游市场的一大热点，邀请目标客户参与，亲身体验××车的舒适性能，增强汽车4S店的品牌亲和力。活动内容与目的地待定。

③ 联合驾校举办××汽车4S店体验班。

④ 其他试乘试驾活动。

⑤ 积极参加各种车展活动，提升汽车4S店品牌知名度。

五、广告推广

完成"××汽车4S店"的视觉形象识别系统，完成户外广告推广，在短时间内提高"××汽车4S店"的品牌知名度，力争品牌提及率达到50%。

1. 启动时机

以刚刚开业为推广的契机，拉开本地区推广的序幕。"××汽车4S店"的品牌将会直接传达给本地区目标消费者，完成第一次的广告攻势。

2. 媒体选择

户外媒体的非内容性特征，完全避免了传统媒体由内容所形成的消费者接触屏障，实际上使户外媒体成为一种人群包容性最广泛的媒体形式，没有任何人为的排斥消费者的特性，这一特性使户外广告正日益成为仅次于电视广告的消费者接触率最高的媒体形式。

3. 发布策略

户外广告由于其画面的冲击力和高关注率，是企业提升形象的最佳载体，本次户外广告发布以较强的站位和渗透为发布原则；具体是以占据主城区汽车销售大卖场辐射并拦截目标消费者，选择以长年发布6～10块广告牌，短期临时发布相配合，可保证在节假日促销期间发布2000～3000平方米的临时广告，以提高"××4S店"品牌的全面高关注率。

4. 效益分析

汽车公司越来越加大对户外广告的投入，短期临时的户外广告更是小投入，大回报；户外广告的发布一般都以年为单位，发布价格也都以数十万元计，而本公司可以提供户外广告1～2个月的发布期限，是其他公司不能承担的，且45元/（平方米·月）为市场相对较低的价格，并且如果到期未有其他客户发布要求，我们可以继续保留，因此其超值的效益是可以预期的。

5. 位置选择

本次户外广告为广告活动的第一冲击波，我们选择了成渝高速和机场高速及候机厅、市区繁华地带，汽车大卖场如××、××、××汽博中心三个典型区域覆盖我们的目标客户。成渝高速是目前连接成都和重庆的交通大动脉，对成渝地区的汽车消费有直接的带动作用，机场高速是重庆的标志性的道路，来往的旅客都是极具价值的高端客户，是汽车消费意见的领袖，对汽车消费有直接的带动作用，同时在此发布广告可提升品牌形象，在市区考虑到我们的费用预算，选择若干个人流和车流比较集中的地区，广告效果是非常的。

六、执行计划

（略）

第二节　微信营销活动策划

一、微信营销的认知

微信营销是网络经济时代营销模式的创新，是伴随着微信的火热产生的一种网络营销方式。微信不存在距离的限制，用户注册微信后，可与周围同样注册的“朋友”形成一种联系，用户订阅自己所需的信息，商家通过提供用户需要的信息，推广自己的产品，进行点对点的营销。

二、微信公众号的创建

微信公众号是一个做CRM（客户关系管理）的绝佳平台，这个平台植壤于微信平台中，其流程简单、易操作，可相应降低对汽车4S店及消费者的普及、推广难度，而且在沟通、互动、服务、搜集用户信息和客户关系管理方面有不可比拟的优势。

1. 公众号类型的选择

微信公众号分为公众平台订阅号和公众平台服务号，两者的区别如下表所示。

公众平台订阅号与公众平台服务号的区别

项目	公众平台订阅号		公众平台服务号	
服务模式	为媒体和个人提供一种新的信息传播方式，构建与读者之间更好地沟通与管理模式		给企业和组织提供更强大的业务服务与用户管理能力，帮助企业快速实现全新的公众号服务平台	
适用范围	适用于个人和组织		不适用于个人	
基本功能	群发消息	1条/天	群发消息	4条/月
	消息显示位置	订阅号列表	消息显示位置	会话列表
	基础消息接口	有	基础消息接口/自定义菜单	有
	自定义菜单	有	高级接口能力	有
	微信支付	无	微信支付	可申请

从上表可以看出，公众平台订阅号与公众平台服务号还是有很大的区别，那么，汽车4S店创建微信公众号是选择公众平台订阅号还是公众平台服务号呢？

对于汽车4S店来说，创建微信公众号的主要目的是通过推广产品，提升实际收益，树立企业品牌形象。企业官方微信实际上是侧重“用户运营”的一个渠道，因此，大多数媒体的企业官方微信都是公众平台订阅号。这是因为媒体需要实时推送最新的资讯，“粉丝”之所以关注也是希望可以获取实时资讯，所以类型和“粉丝”的需求是匹配的。但是作为服务行业的汽车4S店官方微信，应该更加注重“用户服务和管理”，而不是一直推送汽车4S店单方面想要推送的资讯，换句话来说，汽车4S店官方微信的“粉丝”的需求更加偏重于“服务交互”，比如获取汽车4S店的试乘试驾机会、购车礼券等，所以汽车4S店在选择官方微信注册的时候，大多会选择公众平台服务号。

2. 头像的选择

选择头像时，识别度越强越好。比如提起大众，马上就能让人想起“W”字样。对于汽车4S店来说，微信公众号的头像可以选择品牌卡通人物，可以放公司Logo（商标），具体放什么要根据企业品牌推广需要而定。

3. 公众号的命名

“人如其名”是形容人的姓名与人的整体形象，那么企业能否从名字当中透露出汽车4S店自身的品牌调性也很关键。这个名称决定了顾客对关注这个汽车4S店之后获取信息的所有想象。所以名称要精简，精简便于记忆，建议采取“品牌名＋地域名”的办法。

一汽-大众
FAW-VOLKSWAGEN
长沙大汉

比如，“长沙大汉一汽大众4S店”，很清晰地告诉“粉丝”，我在“长沙”，我有“一汽大众”车。

4. 公众号功能介绍

“粉丝”扫描二维码或者搜索公众号进来，看到的第一个页面很关键，功能介绍上面要清晰地表述公众号的目的和定位。

三、微信公众号的运营

对于汽车4S店来说，微信公众号的即时互动功能方便客户了解购车和用车方面的信息，有利于汽车4S店做销售服务。更为重要的是，关注汽车4S店公众号的人都是些老客户或者有购车需求的新客户，这时就会有用户主动询问购车、用车的信息，而这对汽车4S店来说绝对是营销的最佳时机。那么，汽车4S店应如何做好微信公众号的运营呢？其策略如下图所示。

1. 明确公众号的定位

汽车4S店要有一个非常清晰的品牌战略，明确汽车4S店微信公众号要代表一个什么

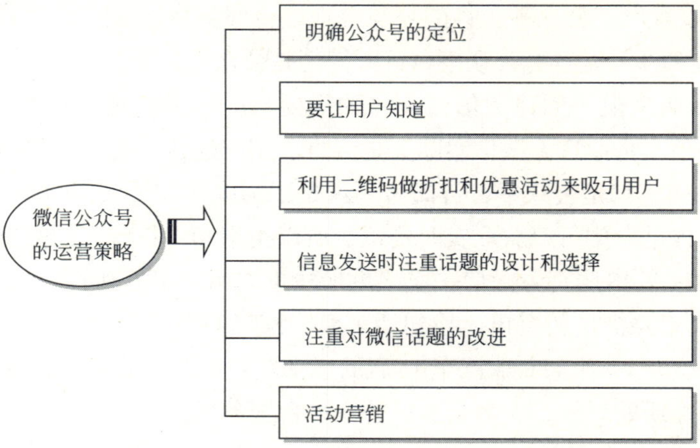

微信公众号的运营策略

样的消费者利益和价值，根据这个价值定位和消费者的市场定位来决定向消费者传播什么内容的信息，再根据消费者接受信息的习惯和关注点，以及不同年龄段的兴趣点，来设计信息的表现形式，决定信息的传播方式。

汽车4S店微信公众号要利用新媒体的私密性和速度性等特点进行营销，如果营销内容本身很有热点和主题，可以迅速在不同的人群之间扩散和传播，引起大家充分的关注。这是非常明显的优势，而且成本比较低。所以，由于可信度比较高，成本比较低，速度比较快，优势也比较明显。

2. 要让用户知道

尽管微信营销在维护客户关系和促进销售方面给汽车4S店带来积极影响，但前提是用户主动关注企业账号。只有在得到用户关注后，企业才可以进行信息推送，主动权在用户手上。所以汽车4S店要通过网上宣传、门店展架以及发布优惠信息顺带宣传等方式展示该账号二维码，吸引更多的客户关注。同时要加强与各地方的车友会沟通，让微信作为车友会主要的沟通工具。

3. 利用二维码做折扣和优惠活动来吸引用户

用户可以通过扫描二维码来添加朋友、关注汽车4S店公众账号，汽车4S店则可以设定自己品牌的二维码，用折扣和优惠来吸引用户关注，开拓O2O营销模式。

比如，汽车4S店只是简单地与消费者开展活动，大部分消费者是不买账的，因为汽车4S店卖的是车，不是小精品。你不能说便宜五元钱，就有人上门了。所以汽车4S店微信营销人员需要提供一个明确的诱因或理由作为消费者的行动号召，如请扫描二维码，购车将获得8折优惠。这样的优惠才会刺激消费者，不仅仅是提供价值，更多是构建信任、获得互动。

4. 信息发送时注重话题的设计和选择

通过公众平台，汽车4S店可以实现用户分组及地域控制在内的消息推送。但是，不同的消费者对购车的要求也不同，所以汽车4S店要注重话题的设计和选择。

比如，一个消费者关注了一家汽车4S店的微信，并且准备购车，而他的预算是15万元左右，作为汽车4S店来说这时就要弄清楚，这个消费者买车是为了家人或是为了结婚，还是为了其他的什么原因。如果是为了家人买车，话题的设计上就要突出车的空间优越性；如果是为了结婚而买车，话题的设计上就要突出浪漫，比如购车送马尔代夫旅游。

其实在这里，我们可以简单地理解为，汽车4S店的运营一定要与你的“粉丝”互动，其实互动就是聊天。更为重要的是，要知道你的“粉丝”需要什么样的车、购车的目标，这样就更容易成交。

5. 注重对微信话题的改进

对于汽车4S店来说，一定要注重话题的改进。因为每家汽车4S店推出的信息，哪些能引起消费者的注意和关注，哪些不能，这对于汽车4S店微信运营有着关键和决定性的作用，因为我们知道目标消费者基本全是要购车的，而如何吸引目标消费者购车这是非常重要的。尤其是在引起消费者关注的主题上，要做哪些突破和改进，从而引起消费者的关注和注意。

6. 活动营销

汽车4S店通常所采取的活动营销就是赠送一些优惠券或者小礼品。对汽车4S店来说，赠送车主的物品一定要有企业特色，也就是独一无二的东西，你有而别人没有的东西。

而另一种活动营销的形式，就是在客户已有消费内容中，让客户体验到优惠，体现出线上和线下的差别，最为重要的是可以让客户利用微信预约汽车服务保养及维修，可以有优惠等。

相关链接 ▸▸▸

汽车4S店微信公众号运营的误区

目前微信公众号有数百万个，对汽车4S店来说，微信公众号已经是标配，不过，汽车4S店在运营微信公众号时存在着以下七个误区。

1. 盲目推送信息

大部分汽车4S店开通微信的目的很简单，那就是“信息推送”，一周三四条都觉得少，基本是每日一推，所以他们青睐公众平台订阅号。但是谁没关注几个甚至多个公众号？谁会有心思每天一条条去读那些软文推送呢？更何况大家喜欢玩微信也不是为了每天追着汽车4S店的公众号看你推送的信息。

2. 传统思维的营销活动

有的汽车4S店已经想到在微信上做营销活动，希望增加和客户的互动。但大部分只是做了个简单的告知，缺乏线上的真正互动，用户在线上体验不到任何活动的乐趣，大部分还要求客户做转发、做分享，但效果并不理想。

3. 只重视“粉丝”数量

很多汽车4S店微信公众号都在关注每天增加了多少“粉丝”，付出各种代价去

"吸粉"甚至"买粉"，用纯粹的"粉丝"数量来衡量运营的效果，却忽略了汽车4S店应该为车主和潜在客户提供基本的服务及体验。

4. 只用公众平台订阅号

汽车行业的特需性，注定汽车4S店的微信公众号是用来做客户关系管理和服务的，只有公众平台服务号才能提供更强大的管理和服务能力。迷信于公众平台订阅号每日推送，无视不同客户的多元需求，姑且不说内容质量，被折叠的公众平台订阅号打开率的急速下降是显而易见的。

5. 功能堆砌

不少汽车4S店的微信公众号虽然使用开发模式接入了一些微应用，但大多样式和功能同质化，简单的功能堆砌，用户体验极差。甚至连车主最关心的违章查询等，最终这些功能多数还是跳转到其他网页。而且，不能实现智能化预约，只是把企业网站转为微网站将宣传单放到手机里而已。

6. 只依靠市场部

一般汽车4S店的微信公众号都由市场部负责。汽车4S店微信公众号是用来做服务，为车主提供体验价值的，而汽车4S店市场部的主要职责在于推广宣传，市场部拿到微信公众号后本能地把它当成一种推广渠道使用，客户看到的不是优惠就是广告，烦不胜烦，公众号的价值难以体现。汽车4S店微信公众号应该实现市场部、销售部、售后部联动，实现工作效率和店内业绩的提升，让客户得到更好的体验。

7. 纯粹广告牌

大多数汽车4S店开通微信公众号购买微应用产品后，就开始像路边的广告牌，"设计"好的内容时不时更换一下，至于效果如何则不了了之。

汽车4S店微信公众号该怎么做？对于汽车4S店的公众号运营来说，主要把握以下三点：

第一，回复用户的咨询；

第二，做好销售服务；

第三，推送促销信息。

四、微信公众号的推广

对于汽车4S店来说，微信营销的第一步就是有数量众多的"粉丝"，通过在"粉丝"中推广营销来提高受众，增加潜在客户。当微信公众平台有了一定数量的"粉丝"之后，营销计划才可能会有效果，才能看到微信营销的威力。

在微信中，用户可以经过扫描二维码的形式来添加好友、关注企业账号。企业可以设定本品牌的二维码，用折扣和优惠来吸引用户重视，拓宽微信营销的推广形式。

汽车4S店要利用微信吸收更多的"粉丝"，可以采取线上和线下结合的方法进行，尽量争取更多的"粉丝"，并努力将他们发展成自己的客户。

线下永远是搜集微信精准"粉丝"的最佳渠道，所以汽车4S店一定要做好线下客户的积累，而不是盲目的利用各种网络渠道去推广公众号和二维码，微信的营销不在客户数量而在客户质量，只要有精准的"粉丝"，就算"粉丝"量只有几百人，都能把"粉丝"非常有效地转化成购买者。具体方式如下图所示。

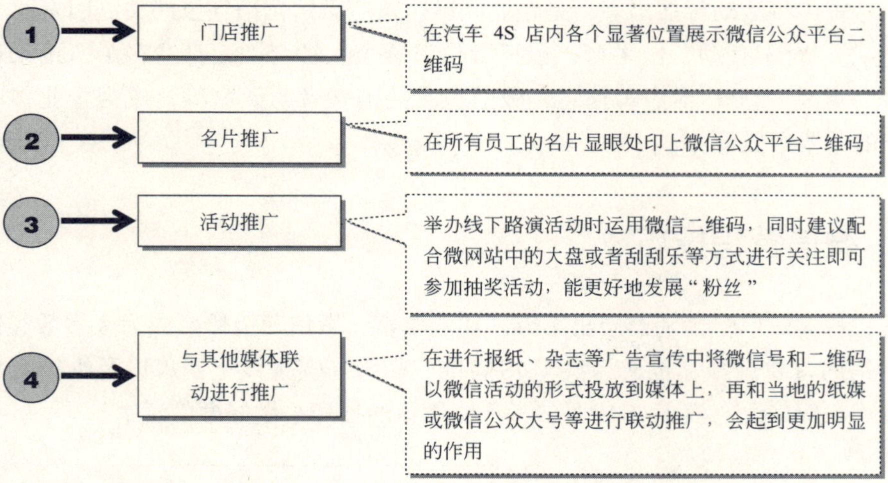

微信线下推广的方式

在完成最初的"粉丝"积累后，通过对微信的日常维护，可以将优惠信息推送给顾客，刺激顾客二次消费；也可以通过微信和"粉丝"互动，提升顾客活跃度；或者是推送相关信息，通过软性的营销手段塑造企业品牌形象，提升品牌在顾客心中的地位。

五、倡导全员微信营销

对于一个汽车4S店来说，少则有几十名员工，多则有几百名员工，如果能好好利用每个员工的个人微信和朋友圈，每次营销都将可以覆盖到1000～5000个受众。

1. 全员营销的操作

汽车4S店可以倡导员工统一在自己的微信头像上做企业的广告。

① 所有销售顾问重新注册一个专门在上班时使用的微信账号。

② 员工设置统一、规范的头像、名称以及个性签名，方便顾客搜索。

③ 要求销售顾问同顾客加为微信好友，并设定考核目标，规定每人每天必须完成的新增"粉丝"量；销售顾问可以通过添加附近的人来扩展好友。

④ 每当有新活动推出时，让销售顾问通过自己的朋友圈推广。

⑤ 销售顾问离职时，将微信账号回收。

2. 宣传内容

当客户关注了销售顾问的个人微信账号后，每周的活动就可以通过个人账号分享至朋友圈，也可以让员工分享有趣的信息，起到订阅号每日推送的功能。

3. 操作秘籍

作为微信公众账号的重要补充，全员微信营销需要企业拥有较强的执行力，能够让所有的员工都愿意建立微信账号同顾客加为好友。

① 通过全民微营销，做到全员小号。通过企业的服务号为顾客提供及时的服务，通过全员小号宣传将活动传播出去，是企业能迅速营造微信营销气氛的关键因素。

② 建立一对多互动营销平台，依托微信渗透个人社交圈，打造多个营销渠道，传播汽车品牌、产品、汽车4S店等信息，吸引更多的消费者与商家等，成为企业移动互联网营销通路的重要组成部分。

六、微信营销技巧

时下，各大微信营销利器层出不穷，功能丰富。微信营销俨然成为大多数经销商进行社会化营销的首要选择，也成为汽车4S店推广品牌、实现线上销售以及维护客户关系的又一利器。一般来说，汽车4S店可参考下图所示的技巧来做好微信营销。

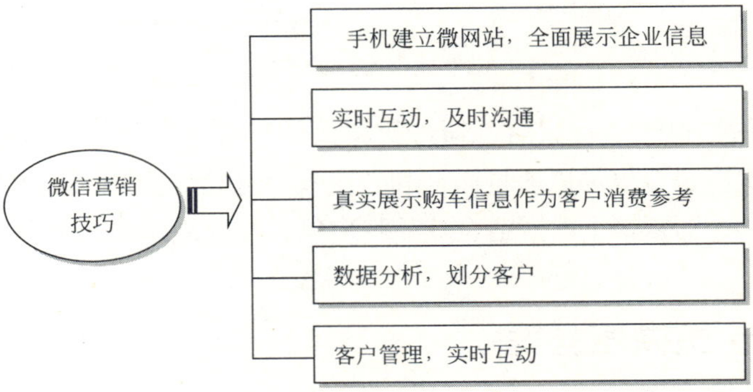

微信营销技巧

1. 手机建立微网站，全面展示企业信息

汽车4S店将自己提供的服务信息分享到微信上，在其微网站上自主发布车型报价、促销活动、最新动态等绝大部分涵盖客户需求的信息，并进行各种服务预约，比如试驾预约、维修预约、保养预约等，方便用户详细了解。

2. 实时互动，及时沟通

在微信上与“粉丝”直接互动交流，第一时间对客户的需求提问直接做出回应，实现与客户、潜在客户的及时沟通。从而获取用户预约订单，并进行数据挖掘和分析。

3. 真实展示购车信息作为客户消费参考

除了在微信上经常将更新新车资讯展现给广大客户外，企业还应经常在微信上发布最新的新车到店信息，以及最新的用户提车信息，给用户以最真实的展示。无形中提升了企业形象，增强了潜在客户的信任度，刺激其消费。

4. 数据分析，划分客户

汽车4S店为提交预约的客户建立客户档案，对客户档案进行管理，与客户实时互动，并可对客户进行精细划分，还可以导出EXCEL表格，方便企业二次加工和信息处理。

5. 客户管理，实时互动

汽车4S店不仅可以在企业官方微信后台看到营销分析、“粉丝”分析、页面分析等数据，还可以对报价推广效果、企业新闻、预约服务等业务指标进行监控管理。为阶段性的网络推广决策提供有力支持。

七、微信小程序营销

小程序是一种不需要下载安装即可使用的应用，它实现了应用“触手可及”的梦想，用户扫一扫或者搜一下即可打开应用，也体现了“用完即走”的理念，用户不用关心是否安装太多应用的问题。应用将无处不在，随时可用，但又无需安装卸载。

1. 线下推广

汽车4S店将小程序二维码制作成相应的物料，布置在目标客户能够接触到的地方，包括接车前台、客休区、洽谈桌、精品区、保养手册、车辆提醒标贴、合作商家、广告位等地方，通过价值体现，引导客户扫码进入。

策划一点通：

工作人员在面对面推荐时，可帮助车主将小程序保存至桌面（苹果手机标记为星标），提升后期的使用率。

2. 线上推广

汽车4S店可通过微信软文、微信群、微信对话将信息推送给目标客户，可以和公众号的“吸粉”同步进行。如果客户关注了公众号，就可以通过公众号菜单及模板消息进入小程序；如果客户没有关注公众号，目前无法通过小程序关注公众号，建议优先推广公众号二维码关注，后期可以利用好公众号的软文来推广小程序。

相关链接 ▸▸▸

汽车4S店如何利用小程序拉新留存

汽车4S店的地域性很强，而微信小程序的“附近的小程序”强调本地化服务，很适合汽车维修、汽车保养门店，因此汽车4S店的微信小程序，具有天然的引流转化特征。特别明显的一点就是，汽车保养维修店快速连接线上，通过线上小程序为线下店铺导流，顾客要预约汽车美容、维修、养护等服务，都可通过“小程序”在线找到服务解决方案。

1. 打通附近小程序入口，抢占附近5千米生意

小程序触及车主的方法大致分为四种：二维码、微信搜索框、微信群、“发现”页面。借助这四种方式，汽车4S店小程序可以有效地接触用户。并且，用户享受服务后，小程序的模板消息还能发送付款成功提示、到期维修通知等，可以多次触达客户，唤醒客户消费的意识。

微信小程序界面截图

2. 与公众号结合实现“黏性”服务

对企业来说，通过长时间的公众号运营，微信已经作为触达用户的重要渠道之一，积累了大量的“粉丝”和会员，此时将作为消息推送的公众号平台与承担服务能力的小程序相结合，增加了用户黏性，创造更多商业价值。

公众号可以加入小程序入口，把大量的“粉丝”引导到小程序的服务及预约上，深度的增值服务功能将提高用户黏性并促进销售转化。

3. 注重精细化管理运营

利用公众号实现有针对性的服务内容引导，对于有价值的用户，利用优惠手段在小程序上进行展示和推荐，吸引客户获取优惠，从而完成精准营销。

同时支持汽车4S店的预约、支付等功能，门店可以根据自身的服务特色及流程，设置小程序的展现形态，为车主提供更加丰富的使用场景，新鲜之余还大大提高了车主的便利体验。

值得注意的是，小程序账号的唯一性、用户积累的时间性、搜索排名的权重性等，都预示着谁抢先一步，谁就有机会抢占发展的制高点。因此，进入市场的快慢，也是决胜的一个因素。

八、微信营销策划方案

下面提供几份汽车4S店微信营销的方案，仅供参考。

【范本】

××奥迪4S店“双节”微信营销方案

一、活动主题

魅力奥迪，双节聚“惠”，左右逢“缘”。

二、活动主角

A8L/A6L/Q3/Q7。

三、活动热线

（略）

四、活动时间

2018年2月14～15日。

五、活动地点

××奥迪4S展厅。

六、活动内容

2018年2月13～14日24点前。

①关注“××奥迪4S店”微信公号，发送“魅力奥迪，有情千里来相惠”加“爱情宣言（自己编辑）”，并@五位好友及××奥迪4S店即可获得精美礼品一份（仅限每日前10名，送完即止）。

②关注“××奥迪4S店”微信公众号并发表“魅力奥迪，有情千里来相惠”加“爱情宣言（自己编辑）”，集满50个赞获精美礼品一份（仅限每日前10名，送完即止）。

备注：以上礼品请至××××部领取。

2014年2月15日来店购车即享双节聚“惠”，尊享完美情人节奥迪Q3、A6L金融礼遇，让您甜蜜无负担，即日起至2月28日订购Q3、A6L，贷款40%享受一年零利率金融特惠，二手车置换享受高价。甜蜜无负担，让您即刻拥有潮流座驾！

来店即送巧克力礼盒，数量有限，先到先得！

店内灯谜游戏等你来猜，猜中即可获得精美礼品一份！

成功购车即赠送罗马假日奥迪独家浪漫情侣写真一套！

【范本】

“诺”曼蒂克闹元宵，微信刮刮卡中大奖

当传统的元宵节遇上浪漫的情人节，和法国雷诺一起过一个“诺曼蒂克”的元宵节吧。现在关注××雷诺4S店微信公号（微信号：略），参与刮刮卡活动，好礼送不停！

【活动规则】

参加对象：所有关注××雷诺4S店微信的客户。

抽奖时间：2月10～16日。

兑奖截止时间：2月23日24:00。

兑奖地点：××雷诺4S店。

奖品：一等奖为免费香港和澳门4天双人VIP畅游卡1张；二等奖为雷诺水桶1个；三等奖为巧克力1盒。

【范本】

××汽车4S店借力车展“获粉”

车展的人气总是很旺，而且参观车展的人基本都是目标客户群。抓住车展的时机，开展微信活动，快速“获粉”，达到事半功倍的效果。

一、抽奖“增粉”

1.活动说明

在车展期间，扫描二维码关注微信公众账号就能参加抽奖，有各种各样的奖项，吸引顾客参与。

2.操作方式

① 顾客只要关注微信公众号就可以直接点击该公众账号进入抽奖程序。

② 在微网站后台设置抽奖程序，顾客关注微信账号后系统自动获取抽奖信息。中奖比率设置在50%左右，用较高的中奖率吸引顾客参加。或者同时设置多个奖项，让参与顾客人人有奖。

二、明星“增粉”

1.活动说明

车展期间，扫描二维码关注微信公众账号，就有大量明星照片，可让客户大饱眼福！

2.操作方式

① 在微网站后台事先设置栏目，里面放置大量明星照片。由车展礼仪小姐手持微信二维码供顾客扫描，关注后顾客点击欢迎信息进入微网站欣赏明星照片。

② 利用顾客参观车展时对明星的关注来促使其关注微信公众号。

3.现场布置

① 在展厅入口摆放一些奖品吸引顾客的目光，再放置活动写真、易拉宝等向客户介绍活动。

② 车展礼仪小姐手持二维码图片，主动邀请顾客扫描。

③ 做好对现场的销售顾问的培训引导工作，在车展时向顾客介绍微信活动，鼓励顾客关注企业微信公众号；可以给现场销售顾问设定目标，每人每天需引导一定数量的顾客关注微信公众号。

第三节　微博营销活动策划

一、微博营销的认知

微博营销是以微博作为营销平台，每一个听众（粉丝）都是潜在的营销对象，企业通过更新自己的微博向网友传播企业信息、产品信息，树立良好的企业形象和产品形象。通过每天更新内容来与大家交流互动，或者发布大家感兴趣的话题，来达到营销的目的，这样的方式就是新兴推出的微博营销。

二、微博营销的模式

微博是一个基于用户关系的信息分享、传播以及获取的平台，允许用户通过Web、Wap、Mail、APP、IM、SMS以及各种客户端，以简短的文本进行更新和发布消息。微博的营销模式主要有下图所示的几种。

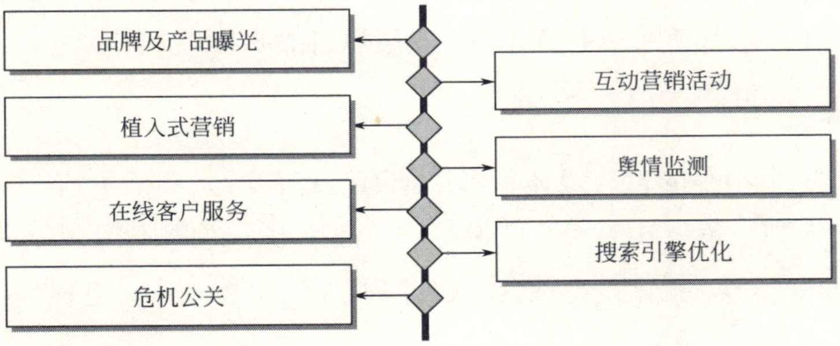

微博营销的模式

1. 品牌及产品曝光

一些比较大的企业，经营微博的目标是希望通过微博来做品牌。他们通过微博发布一些品牌信息，通过与客户建立关系，来为品牌服务。

2. 互动营销活动

在微博上，人情味、趣味性、利益性、个性化是引发网友互动的要点。通过微博的互动，建立良好的朋友关系，号召的活动响应的人就多了。

3. 植入式营销

微博是植入式广告的最好载体之一。

比如，宝马的一个植入式广告："我终究没能飙得过那辆宝马，只能眼看着它在夕阳中绝尘而去，不是我的引擎不好，而是我的车链子掉了"。

4. 舆情监测

社会化媒体的到来，使得传播由“权威式”演变为了“集市式”，每个“草根”用户都拥有了自己的“嘴”，每个人都是一个媒体。

微博最可能成为舆情引发的信息源，为报道提供全新的及时互动模式；微博提供了官方和民众沟通的又一渠道，是政府舆情监测的重要平台；微博在企业的口碑监测和危机公关方面都具备极大的利用价值。

5. 在线客户服务

微博具备全天候、面对面、即时性、一对多等服务特性，所以，微博为企业客服打开了一个新鲜的窗口。服务型企业在进入微博的第一时间就需要建立一个“客服账号”。这个层面的服务是企业存在的一个证明。

6. 搜索引擎优化

新浪微博的内容已经出现在百度搜索结果页，说明微博的影响力正在扩大。对于日访问量10000次以下的小型网站来说，吸引相同数量陌生访客的成本，微博营销比搜索引擎优化和搜索引擎广告投放都要低很多。利用微博进行搜索引擎优化的方法是：把客户行业的某篇值得关注的新闻，转载到客户需要营销的网站，提炼新闻点，做成微博。在微博里附带上该篇新闻在目标营销网站上的链接，使用热门微博ID发出。

7. 危机公关

微博相当于一个小小的自有媒体，可以拥有自己的听众和话语权。“粉丝”超过100个，就好像是本内刊；超过10万个，就像是一份都市报；超过100万个，就像是一份全国性报纸；超过1000万个，就像是电视台；超过1亿个，就像是中央电视台。微博已经成为一个重要的公关渠道。

三、微博“吸粉”的技巧

衡量微博营销是否成功很重要的一个指标是“粉丝”数。有效的微博营销需要付出多方面的努力，每个环节的失败都会给微博营销带来负面影响，而“粉丝”数是一个综合指标，“粉丝”数多，意味着微博营销总体上做得相对较好。

1. 微博账号的功能定位

汽车4S店可以注册多个微博账号，每个账号各司其职。一个微博账号可以承担相对单一的功能，也可以承担多个功能。如果企业比较大，那么除一个专门的公共关系微博账号外，建立多个部门微博账号是可取的。如果企业的产品比较单一，那么整个企业建一个微博账号即可。一般来说，一个微博账号可以承担新产品信息发布、品牌活动推广、事件营销、产品客服、接受产品用户建议与反馈、危机公关等多项功能角色。

2. 普通用户参与微博的理由

如果企业的产品本身已经有了大量的用户群，那么在微博上获取其关注是相对容易的。如果企业并不具有像戴尔、惠普那样的品牌影响力，那么在微博上获得“陌生人”的关注就需要付出更大的努力，因此要理解微博用户的社会心理需求。虽然没有具体的数据统计，但是可以从新浪“微博广场”的热门话题了解到大部分普通微博用户（非微博营销用户）参与微博的六大理由，具体如下图所示。

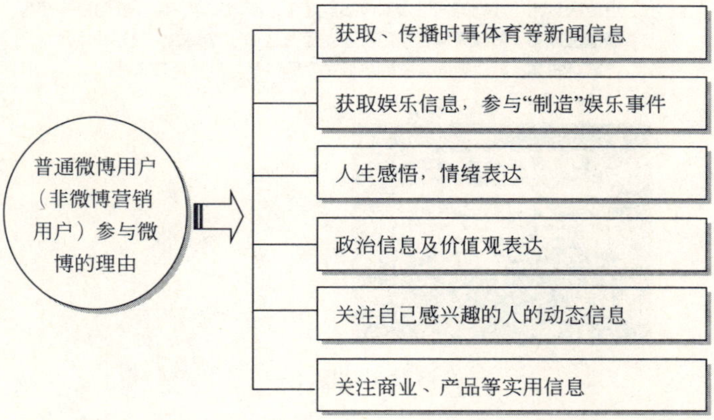

普通微博用户（非微博营销用户）参与微博的理由

上图六大理由的排序大致是普通微博用户参与微博的“动机强度”排序。深入了解这些心理是创造普通用户“喜闻乐见”的微博内容的前提。

3. 创造有价值的内容

有价值的内容就是对微博用户“有用”的内容，能够激发微博用户的阅读、参与互动交流的热情。汽车4S店需要平衡产品推广信息与有趣性的“娱乐信息”的比例（“娱乐信息”必须与本行业相关），可以从三个方面调整，具体内容如下。

（1）发布本行业的有趣的新闻、轶事　可以客观性地叙述一些行业公开的发展报道、统计报表甚至“内幕”，可以有选择性地提供一些有关公司的独家新闻——真正关注你的产品的微博用户会对这些独家新闻非常感兴趣。当然，重点要突出新闻性、有趣性。

（2）创业口述史　大多数普通人对创业者总怀有一种好奇甚至尊敬的心态。企业微博可以有步骤、有计划地叙述自己品牌的创业历程，公司创始人的一些公开或独家的新闻——类似一部企业口述史、电视纪录片。

（3）发布与本行业相关的产品信息　搜集一些与产品相关的有趣的创意，有幽默感的文字、视频、图片广告，这些创意和广告不一定都是自己的品牌，可以是本行业公认的著名品牌。

4. 互动营销游戏

在微博上做活动真正符合微博拟人化互动的本质特征。只要产品有价值，没人能拒绝真正的“免费”“打折”等促销信息，很少有人会讨厌此类信息。常见的微博互动活动形态如下。

（1）促销互动游戏　尽量多做与产品相关的互动性游戏，如“秒杀”促销、抽奖等游戏，吸引微博用户参与。

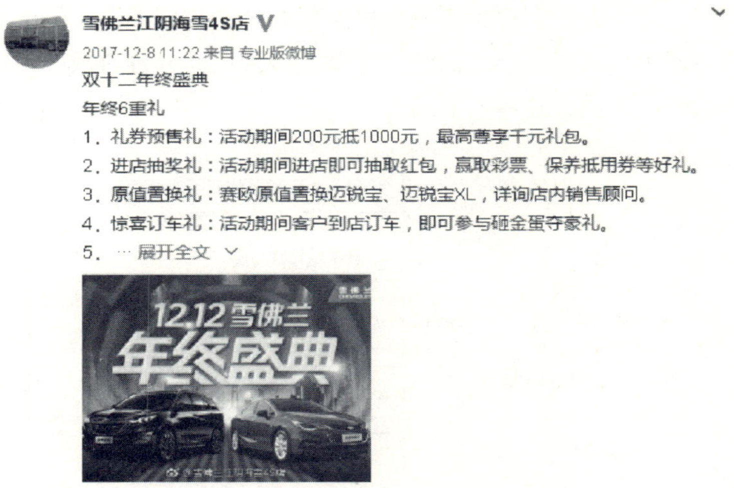

微博营销截图（一）

（2）微博招聘　节约相互了解的成本；直接在微博上进行初次“面试”；发挥人际传播的效应；低成本的品牌传播。

（3）对产品用户在微博上发言进行奖励　微博是一个真正的口碑营销的好方式。鼓励已经使用或试用产品的微博用户发表使用体验，并对这些用户给予一定的奖励。

（4）产品试用活动　在微博上发起低成本的产品试用活动，活动结束后鼓励试用者发布产品体验帖子。

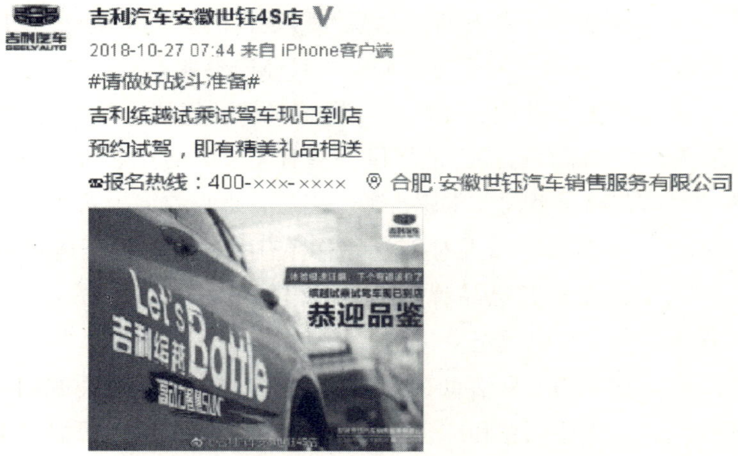

微博营销截图（二）

（5）慈善活动　若条件允许可以自己发起慈善活动，也可以积极参与微博其他用户发起的慈善活动。对小的汽车4S店来说，参与“微支付”的慈善活动，并不需要付出很大的成本，却可收获很大的关注人气。

四、在微博中植入广告进行营销

在现实生活中，人们购买产品时会“严重”受到信任的朋友评价的影响。微博是人际交流的“场所”，在人们交流的过程中植入广告是微博植入式广告的核心。常见微博植入广告的形式如下图所示。

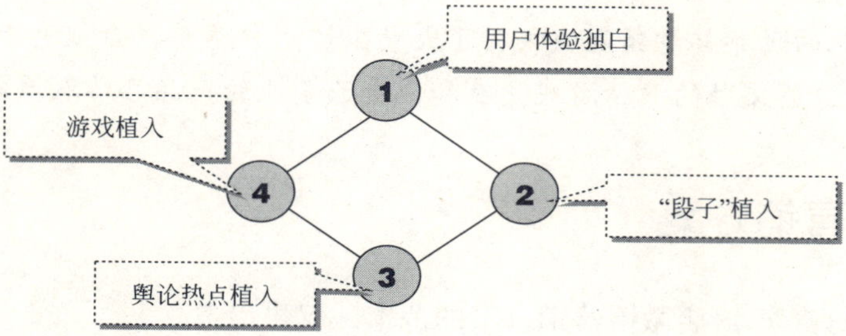

常见微博植入广告的形式

1. 用户体验独白

很多人每天都在微博里记述自己的生活经验和感受，这些内容一定会有相当比例涉及自己使用的产品，这些评论就构成了真实的口碑。如果发起一个活动，让使用企业产品的用户来主动讲述自己的产品体验——无论好的体验还是坏的体验，给予体验独白用户一定的小奖励，就能激发用户向朋友传播这个品牌。

2. “段子”植入

好玩、幽默、人生感悟的“段子”（有时配上图片和视频）总是能让大众喜欢——喜欢的理由如同人们喜欢听相声、脱口秀的理由一样。因此，汽车4S店微博把品牌植入这些受欢迎的段子之中，受众一般不会反感，反而会赞叹创意的精妙。

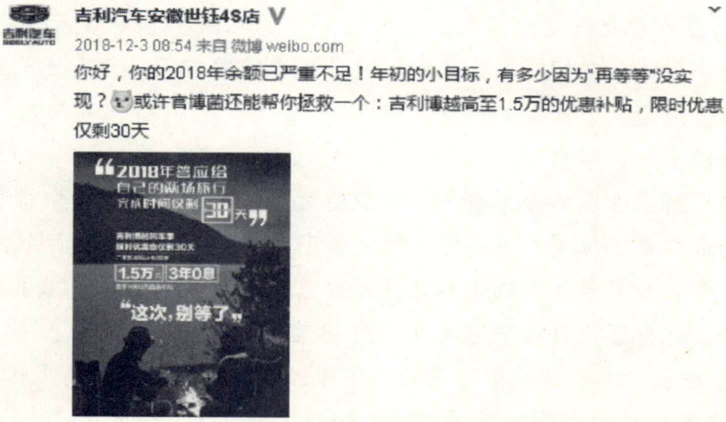

微博营销截图（三）

3. 舆论热点植入

针对热点人物可以设计广告。每个节庆日、体育赛事都会涌现舆论热点，可以抓住这些热点植入广告。舆论热点有发生、成长、高潮、退潮四个阶段，要敏锐觉察舆论热点的发展过程，汽车4S店不要等热点退潮后再做文章，那时已经了无新意，引不起观众的兴趣了。

4.游戏植入

微博互动适合做一些“秒杀”、抽奖、竞猜等游戏。

比如，蔡文胜的世界杯竞猜游戏吸引了大量微博用户参与，自然也为蔡文胜积累了不少“粉丝”。不过，蔡文胜的竞猜游戏没有和他自己企业的产品品牌联系起来。

五、微博营销方案

下面提供几份汽车4S店微博营销方案的范本，仅供参考。

【范本】

××汽车4S店微博营销指导手册

一、微博定位

××是深业汽车在××省的第一家××4S店，也是××地区唯一××4S店。为了更好地提供多元化的服务给客户，拉近与客户之间的距离，在开业前6个月已经开通新浪官方认证微博，并于开业之际正式上线了企业版微博。

由于××区域用微博的人数不多，尚处于一个发展阶段，再加上尚未开业，还没有一定的客户基数，所以前期增加“粉丝”特别是本地“粉丝”的难度很大。鉴于此，我们确定了公司微博的两个目的。

① 作为公司宣传的补充，提高企业知名度。

② 在汽车行业内建立一定的名气与地位。

围绕着这两个目的，我们对微博的版面设计、内容发布、运营人员及营销内容等进行了一系列针对性的规定。

二、企业版微博设计指引

首先我们要了解企业版的基本框架，企业版微博主要分成左栏、中栏和右栏，其中中栏第一个模块是最醒目的位置，针对每个行业每个时期的营销特点进行编排，××4S店由于是新开业店，客户最需要了解的是具体地址和方位，所以本公司选择了显示地图作为中栏的第一个模块，这样客户可以快速地查询到4S店具体位置。

① 进入管理后台，左栏的地图、视频、图片、公告栏可以通过箭头移动到中栏。

② 右栏里的模块显示顺序也可通过箭头进行调整，为了达到更为简洁的界面，我们隐藏了“领导人”“我的粉丝”“我加入的群”。

③ 地图模块可以让客户快速搜索到4S店具体地址，并且可通过地图设置标示4S店具体位置，并写上具体地址、电话、营业时间及公交路线。

④ 图片模块可以展示公司相关的LOGO、厂家LOGO以及员工合照等，让顾客更直观

地了解经营的品牌和公司风采。

⑤ 活动及投票模块，展示公司最新的线上或线下活动，让顾客更方便地参与到活动中来。

⑥ 微博置顶功能，可以让顾客将最先需要了解的内容进行置顶，如公司活动、获奖情况、技术实力等。

⑦ 员工模块显示公司主要管理团队的个人微博，客户或合作伙伴可快速找到需要联系的相关负责人。

⑧ 友情链接可放入公司官方网站、厂家网站以及其他关联网站。

三、企业微博内容发布指引

1. 微博话题规范

所有原创及转发微博的内容前面都必须有话题标语，如××行业动态，所有文字必须控制在 140 字以内（长文字内容除外），内容必须简明扼要，清晰易懂，并配以相关图片或视频。

公司微博话题命名规则

话题大类	发布规则	话题名称	话题内容
新闻类	1周≥3次	××要闻	××汽车要闻
	1周≥3次	行业动态	汽车行业动态
	1周≥5次	热点新闻	社会热点新闻
生活类	1天1次	××天气	××天气预报
	1周≥3次	××风情	××本地风土民情
	1周≥3次	生活趣闻	生活乐趣
	1周≥3次	开心一刻	冷笑话
	1周≥2次	趣味视频	有趣的健康视频
	1周≥3次	星座密语	有关星座方面的内容
	1周≥3次	生活贴士	生活常识
公司类	不定期	集团动态	深业集团动态
	1周≥3次	公司动态	本公司的新闻、经营业绩
	不定期	车友会动态	公司阳光车友会活动
	不定期	生日祝福	公司员工生日祝福
	不定期	最新优惠	销售/售后优惠活动
	1周≥5次	养护课堂	用车知识
	不定期	获奖公告	微博活动获奖公告
	不定期	新车推荐	新车介绍
	1周≥2次	车型品鉴	图片或视频介绍主力车型
	不定期	特别企划	各种特别企划活动
	不定期	车友趣闻	车友发布的各种有趣信息
	特殊活动	达人之夜	特殊活动
	不定期	投票	各种投票

2. 微博发布时间

每天根据各个时间段的浏览量及用户特性进行不同话题的发布。发布时间如下表所示。

微博发布时间

时间段	话题名称	发布人
8:30 ～ 9:00	×× 天气	×××
9:30 ～ 11:00	公司类、生活类	×××
11:30 ～ 12:30	新闻类话题	×××
13:30 ～ 14:30	公司类、生活类	×××
15:30 ～ 17:30	生活类	×××
17:30 ～ 19:00	公司类	×××
20:30 ～ 21:30	公司类、生活类	×××
22:00 ～ 23:30	生活类	×××

3. 微博操作细节

① 对所有新增加的"粉丝"私信发送感谢短信，"感谢您关注×××，阳光知己，一路关爱，热线：×××××××××"。

② 对于最新的重大新闻置顶，不时更新。

③ 每天发布8条以上微博，每条微博之间间隔30分钟以上。

④ 每天主动参与评论本地微博客户，增加互动，进而增加客户对我们的黏度。

⑤ 营销类的重要微博内容发布时间同时@给一些重要微博客户，增大转载、曝光率。

⑥ 加大原创内容，尽量减少转载内容。

四、构建微博运营团队

构建以总经理为顾问、部门经理为总负责人、员工全员参与的微博运营团队，这样整个微博的内容、形式等可以集中整个公司的资源达到最大的高度。同时每次好的微博内容全公司全部参与转发，达到更大的传播效果。

团队架构

团队架构	姓名	主要职责	备注
营销顾问	×××	统筹微博运营方向、监督线上活动	总经理
总负责人	×××	负责微博营销活动、内容筛选、技术处理、版面设计、线上活动运营	CR部经理
成员	×××	负责每天内容发布、"粉丝"互动、信息反馈	CR部主管
成员	×××、×××	负责活动物料设计、创意执行	市场部经理、首席设计师
成员	公司全体人员	通过公司QQ群、会议等进行话题讨论，"头脑风暴"	

五、微博运营策略

由于之前所述××区域微博客户及本公司基盘客户都少的原因，我们确定了对关注采取先做"加法"再做"减法"的策略，对"粉丝"先求"数量"再求"质量"。

营销活动注重其关联性及活动间的叠加效应，一般每次都策划至少2～3个活动，活动之间环环相扣，加强联动。如最开始有奖竞猜活动，从“13个车型局部细节来猜车型→介绍车型→由最后一个环保车型××引出注重社会责任的××→介绍××与××的区别→介绍××汽车集团→介绍××公司→用‘咆哮体’介绍公司来××的艰辛→用‘三国体’介绍××团队→用“水浒体”、12星座再次介绍车型加强客户对其的印象”。

1. 微博建立初期

微博建立初期，为了快速提高“粉丝”数量，我们大批量地主动关注集团各分公司、公司同事、同行、媒体、本地微博客户，关注后同时进行求关注，这样我们第一批的“粉丝”就开始聚集起来，最高峰的时候我们关注了2000个微博客户。这时候我们也开始对微博的内容进行规范运营，包括版面的安排、设计，微博内容的发布规则制定，以及发布时间的编排。我们的目标客户主要集中在本地微博客户、厂家、优秀媒体以及知名同行，除了正常的相关车辆的微博内容外，我们还增加了许多多元化的元素内容，如天气预报、生活趣闻、生活贴士、生日祝福、车友趣闻等，以此尽可能多地吸引本地各行各业的微博客户，进一步扩大“粉丝”保有量。

2. 微博运营摸索期

企业版的上线给予了我们很大的创新空间，我们不断通过微博线上有奖活动，进一步激发“粉丝”量的增长，多种有奖活动互相穿插，包括有奖转发、大转盘等，不可否认有奖活动是增加“粉丝”量很直接的方法，并且通过区域设定，我们可以大量收集本地微博客户，最多的一次有奖转发共转发了981次，每一个转发者同时发好友，单单凭借这次转发活动就超过10万人关注，增加了上千的“粉丝”，活动效果显著。

3. 微博营销发展期

当“粉丝”量超过3000个以后，我们逐步取消了一些受关注的微博，只保留本地客户、优秀媒体以及知名同行，并且这部分受关注的微博自身的“粉丝”不能低于500个，通过不断地与这些微博进行互评、交流，提高与“粉丝”之间的互动性，提高“粉丝”忠诚度及黏度，为以后更多的线上或线下活动打下良好的基础。

我们还结合不同时期的流行元素，如我们自行制作的“去外地开4S店伤不起”的“咆哮体”作品，广受“粉丝”的喜爱，并大量地转载和评论，最后更获得了厂家的认可并进行了内部推广和学习。我们还与“三国系列”进行结合，将公司的骨干员工与三国名将进行融合，推出有名的三国群英传。紧接着推出了以“水浒系列”为题材的车型介绍。不断的创新元素刺激着“粉丝”的目光，让“粉丝”无时无刻都有新鲜内容可阅读，进一步提高“粉丝”黏度。

经过一段时间的用心经营，我们微博在本地的微博界中已有一定的名声，本地的新浪媒体开始主动与我们进行洽谈活动，讨论合作事宜，前不久刚结束的“××微博达人之夜、免费午餐慈善拍卖晚会”就是首次与新浪合作的线下大型聚会活动，当晚有许多本地大型企业代表、媒体代表以及微博博友共计250人参与，热闹非凡。此次活动由本公司提供现场拍卖品以及抽奖礼品，公司微博的名气迅速在本地扩大，“粉丝”增长可观，最主要是在现场发展了许多的潜在客户，以便日后进一步维系。

由于获得新浪官方的认可，新浪汽车地方业务组主任、汽车经销商业务负责人×××主动邀请我们制作微博经营案例，获得了新浪微博的广泛关注。

六、微博营销案例分享

1. 活动主题："去外地开4S店的人你伤不起啊"咆哮体

活动创意：公司筹备组人员根据从店面选址、初期建设、工程进度以及外地人在××的生活经历、网络流行语、热词，经过团队"头脑风暴"后结合微博、优酷等自媒体发布。

2. 活动主题：画出精彩！ ××吉祥物火热征集令

活动创意：××新开业店，希望通过万能的微博征集本公司吉祥物，通过微博投票和内部评选选出代言人用于对外宣传。

七、附件

（略）

八、后续

遵循先重"数量"再重"质量"的原则，我们接下来的工作重点是针对××本地"粉丝"，开展三个活动，征集公司吉祥物（投票）；吉祥物为主体的漫画及漫画内容征集；本地车主与××车优质生活的征集（投票），敬请关注！

××汽车销售服务有限公司

××××年××月××日

【范本】

马自达车展微博推广

上海国际车展期间，一汽马自达举办了"减钱！捡iPad！捡睿翼！"的微博活动。此次活动别出心裁地策划了"每转发1次，车价减1元"的活动规则，活动推出不到3天，就已经达到了18万次转发的目标，而到活动结束时，转发量超过了138万。此外，还有多个64G iPad、睿翼车模等奖品。

一汽马自达微博活动除了奖品特多、大奖特别诱惑之外，与其"每转发1次，车价减1元"活动规则很有关系。显然，这一规则极大地激发了网友的参与热情。同时，"每转发1次，车价减1元"与微博的特点巧妙地结合了起来，其最终超过138万的转发数也显示了网民极高的参与度。

【范本】

发微博，赢××汽车

一、活动时间

××××年11月24日～12月25日。

二、活动地点

××集团门店。

三、活动主题

寻“宝”记发微博，赢××汽车——××幸福直通车。

四、参与方式

① 活动期内，至××集团旗下门店活动区拍下您与××的幸福瞬间。

② 关注@××集团官方微博，加话题#××幸福直通车#发微博@××集团官方微博，并大声说出你的幸福宣言。

③ 微博被有效转发数最高的网友，即是本次活动的“终极幸福者”，可以免费领取××汽车一辆（有效转发必须满足以下条件：转发人“粉丝”数高于30个；转发人原创微博数多于30条；转发人单日重复转发只计算1次）。

④ 转发扩散我们的微博活动，我们将随机抽取“末日”幸福者，每天送出5张××集团200元储值卡一张。

第四节　团购营销活动策划

一、团购营销的认知

汽车团购是指公司、单位和个人同时购买多辆同一品牌或同一品牌同一型号的汽车，经销商给予一定的折扣优惠。简单说就是就是许多准备买车的人通过网络、手机短信或电话等各种方式进行组团，组成十几人甚至几十人的团队集体去和经销商砍价，达到以优惠价格买到新车的目的。

二、团购营销的形式

汽车团购目前有两种形式，一种是自发团购；另一种是有组织团购。

1. 自发团购

自发团购是指购车者自发组织起来的小规模汽车购买，常见的组织有QQ群、论坛等。毕竟买车对于大多数消费者来说是一个需要他们长时间存钱才能负担得起的消费，而且汽车市场又是如此一个价格翻新迅速的地方，因此他们互相商量，各有分工，把各自收集到的信息汇总，最后派几个代表去和经销商谈判。

2. 有组织团购

汽车团购模式刚刚出现时并不被业内人士所看好，然而团购模式在经历了几起几落后，不仅被越来越多的人所接受，其本身也在向着专业化、人性化方向转变。一些有人气的汽车俱乐部、汽车网站都先后介入团购业务，各路汽车专业媒体也在2004年初就推出了团车服务。

三、团购营销的技巧

团购是一把双刃剑，做得好的话效果就很好，客户觉得得到了实惠，品牌也得到客户的认可；做得不好的话，客户会觉得这个品牌的实力不行。因此，作为汽车经销商，做好团购营销，也需掌握一定的技巧。

1. 价格吸引力是关键

汽车团购，价格的吸引力最关键。量大从优，团购形成的人数越多，经销商给予的优惠可能就会越大。具体优惠价格要根据不同车型而定，不过一般来说团购优惠价格部分比自行购车会多一倍左右，比如某车型市场优惠1万元，那么团购优惠价格可能会达到2万元左右，团购的价格优势不言而喻，如下图所示的团购海报。

团购营销界面截图

团购的另一个好处还在于省时省力。除去购车之前挑选自己爱车的时间外，通过团购的形式购车能够省去消费者大量的时间和精力。

2. 对团购时间和人数要有要求

汽车团购当然不是完美的，比如时间。一般汽车团购组织都要求在某一特定时间集体看车或者购车，对于部分消费者来说，时间可能并不合适。

汽车团购还要求一定人数，一般都会要求5人以上，人数达不到预期也会“流产”。而某些消费者中途退出也是经常会发生的事。并且优惠的价格往往都只在确定团购的当天，过时不候。

参加汽车团购的汽车4S店往往会要求消费者在购车后必须到指定地点办理保险，并要求缴纳一定的押金，否则，押金很可能不会退还。

3. 并非所有车型都适合团购

当然不是所有车型都会参加团购，而且很多汽车企业明确拒绝汽车团购，在他们看来，团购有损自己的品牌形象，并且认为某些经销商自行采取团购的形式提高销量会对其他经销商造成不公平。

目前市场上允许采取团购形式销售的车型大多是消费者普遍了解或比较小众的车型，这些车型不会是新车，售价不是很高，销量也不是很高。

在当天当地（过时不候），消费者自行前往购车的汽车4S店，由汽车4S店销售顾问统一讲解车型信息以及具体优惠价格（报名前一般不会告知消费者具体价格）。得到消费者认可后直接签约购车。

相关链接

适合团购的车型

1. 适合团购的汽车品牌

目前主流汽车团购品牌为一汽大众、上海大众、东风日产、东风雪铁龙、雪佛兰、别克、丰田、本田、现代、起亚、福特、马自达等合资品牌，以及吉利、奇瑞等国产品牌，该类汽车品牌旗下车型基本在30万元以内，部分车型在各个细分市场均有不同的业绩和不俗的表现，深受消费者喜爱。

2. 不适合团购的车型

适合团购的车型基本售价在30万元以内，但部分车型因市场原因特殊不适合团购，具体如下所示。

① 车源紧张的车型，如途观、高尔夫等，因特殊市场原因，目前尚需加价购车，该类车团购基本无意义。

② 保有量极少或销售状况极差的车型，该类车型因销量小，厂家本身促销力度极大，即便团购也不可能再有多大的让利空间。

3. 热门团购车型

微型车：奥拓、乐驰、旗云、熊猫。

小型车：爱唯欧、标致207、飞度、哈弗M2、POLO、骊威、锐欧、瑞纳、起亚K2、炫丽等热门车型。

紧凑型车：爱丽舍、宝来、奔腾、标致308、福克斯、捷达、科鲁兹、卡罗拉、朗逸、骐达、悦动、速腾等热门车型。

SUV：哈弗系列、ix35、RAV4、科帕奇、比亚迪S6、瑞虎、智跑、途胜等30万元以下备受关注的车型。

中级车：第九代索纳塔、迈锐宝、迈腾、帕萨特、天籁、君威、君越等热门车型。

四、团购营销的策划

对于汽车4S店来说，如何组织有效的团购活动，集中“收割”潜在客户，成为摆在每个汽车4S店面前的重要课题。一般来说，要策划一场团购营销活动，可按以下几个步骤进行。

① 确定活动主题，查询客户资料，根据汽车4S店现状、品牌现状、车型现状等来制定合适的活动方案，确定活动流程、活动时间、人员培训、广宣设计等。

② 根据车型特点和适用人群、当地市场行情等确立媒介方案。选择最优媒介渠道，

以软文推广、H5、段子或者其他广告表现形式来吸引客户参加活动。

③ 培训汽车4S店销售顾问话术是一个非常重要的环节。销售顾问直接决定了订单成交率，汽车4S店应专门培训销售顾问话术，提升销售能力与水平。

④ 后续跟踪要做到位。销售顾问要督促订单客户付款提车，重点跟踪未成交客户，做好相关信息的详细调查和数据评测，以优化整体方案，便于二次邀约。

五、团购营销方案

下面提供几份汽车4S店团购营销的策划方案，仅供参考。

【范本】

××汽车4S店团购会策划方案

一、活动主题

××汽车首届“夏季清凉行”团购会。

二、活动目的

① 以团购为噱头，挖掘潜在客户。低首付，夏季高温出行难，冲击无车人群购买欲。

② 以团购促销升级为契机，提升单一频次和销售数量。

③ 提升潜在意向客户，刺激购车欲望，将我公司活动宣传最大化。

三、活动背景

目前，多数消费人群并不清楚门店位置，市场有多数同类型竞争产品，进行消费截留，对我店销售十分不利。市场进入淡季，农历七月“鬼节”气氛十分浓烈，多数人不愿意此时候购车。

四、活动概况

活动时间：2018年7月。

活动地址：××汽车4S店。

活动主办方：××汽车4S店。

五、活动展厅布置

1.店外

① 临近街区和市区主、支干道上的标语宣传。

② 店外陈列企业Logo和车型Logo的刀旗。

③ 门店外所有围墙和柱子全部用金布包裹，树上挂LED彩灯。

④ 门外设置大型拱门。

⑤ 门前设置升空气球。

⑥ 门前设立大型主题展板一块，发布活动主题。

⑦ 门口到店内入口铺红地毯。

2.店内

① 门口迎宾接待处向入场者赠送活动的宣传品、礼品及纪念品。

② 设立迎宾和导购人员。

③ 顶端悬挂团购会的挂旗。

④ 现场宣传单页的发放。

⑤ 搭建DVVT展台，用顶灯和地灯突出DVVT新车上市的效果。

⑥ 店内可准备悬挂气球、绕柱彩带、条形小LED彩色灯等。

3.人员要求

穿着整洁统一，态度热情友好，以为客户提供优质服务和满足客户的需求为首要任务，使用礼貌敬语与顾客沟通交流。如果有必要，可以进行为期一周的培训。

4.宣传准备

即日起邀请各大媒体，包括电视和报纸等，为其安排专门的场地并指派专人监督和协助，全程报道活动的进行情况。注：现有的媒体合作伙伴一定会来，其他的媒体要去尽量争取。

六、活动流程

① 活动开始前，派专车到指定地点接参与团购的消费者来展厅。

② 公司全体员工在展厅门口列队欢迎。

③ 客户进场后，每辆车旁要至少2名销售顾问，大堂经理负责统筹工作人员。

④ 活动结束，安排人员对购车的顾客进行一对一的服务，直到车主驾车离开。其他顾客安排专车送回，员工在门口同样报以热情的欢送，并目送对方离开。

⑤ 最后，组织人员清理场地。

七、活动方式

① 三人成团，五人成军，团结起来到××“占便宜”。三人成团最高优惠×××元，单一车型最高优惠×××元。

② 团购送豪礼，人多更升级。三人团购，在成交价基础上再赠送×××元精品大礼包。五人团购，在成交价基础上再赠送×××元精品大礼包。

③ 幸运砸金蛋，清凉伴您送。一等奖，价值×××元空调；二等奖，价值×××元名牌加湿器；幸运奖，汽车“四件套”。

八、活动宣传

1.广播（××交通之声）

——老王这个月在忙啥？

——正准备拉帮结派到××抢车啊！××“夏季清凉行”惠民团购正式召集，多一个人省×××元，更享超级大礼，还有机会砸金蛋赢好礼！

——那赶紧走吧！还在等什么？

更多促销详情请咨询……

2.媒体

××日报、××经济报、××都市报。

3.网站

××网、××团购网、××团购网。

4. 外场

在各大型小区、工业区以及商场、超市门口进行巡展活动。

公司计划于7～8月份进行巡展，每周至少××场，由销售部和市场部共同协作完成。具体内容：传播品牌、促销政策，累计意向客户，培养销售顾问积极性、销售主动性、市场延续性。

【范本】

××汽车4S店团购会方案

一、活动目的

团购活动正值国庆节期间，为了进一步挖掘客户，提高××汽车销量，提高××汽车4S店知名度和美誉度。

二、团购流程

① 上午集合。10:00～10:30到达汽车4S店（路途中间由汽车4S店派发环保袋，以及××车型宣传单），汽车4S店在店面摆放条幅（欢迎看车团来店团购）。

② 10:30～10:45进行初步的车型介绍，参加团购车型，以及车型价格（由4S店派发××便签本）。

③ 10:45～12:00由销售顾问进行一对一讲解，进行喜爱车型试驾。

④ 12:00～12:40午餐时间（由汽车4S店免费提供）。

⑤ 12:40～14:00进行签订购车合同并且缴纳汽车款，销售顾问办理相关手续（前2个付款者可获得100元油卡）。

⑥ 14:00～14:30抽取奖品。

全程由摄影师负责跟踪拍摄。

三、宣传方式

① 本市电视台：在节目结束时显示15秒左右的静态页面，内容关于××品牌汽车团购优惠××百姓。

② 广播电台：以广播形式进行宣传。

③ 看车团QQ群内宣传。

④ 相关汽车网发帖宣传。

四、抽取奖品方式

由团购组织方提供100%抽奖活动。

一等奖：便携式GPS，1名。

二等奖：××汽车抱枕，2名。

三等奖：打火机，5名。

五、团购结束

全体汽车4S店工作人员欢送看车团。及时将本次活动发布到汽车网以及各大网站，宣布此活动圆满成功。

注：

1. 团购组织方提供物品

① 精美环保袋（每个人必送的，并带有Logo）。

② 价值100元油卡2张。

③ 便携式GPS一个。

④ ××抱枕2个。

⑤ ××打火机5个（带Logo）。

2. 汽车4S店提供

① 欢迎团购主题条幅。

② 免费午餐。

③ 免费饮料。

【范本】

精彩5月 约“惠”全城——北京现代团购会××站

一、活动背景

① ××为延续5月全国统一团购大促销营销氛围，增大××区域营销宣传的效果和影响力；为延续这种氛围，促进××业绩再提升。

② 经研究后，选择××展厅组织一次5月百城团购活动，打造年度媒体合作平台，通过多种形式的深度合作，及时发布北京现代及××汽车4S店活动信息，迅速提升北京现代全系车型在××的知名度和关注度。

二、活动时间

2018年5月28日（上午）。

三、活动规则

① 宣布参加团购竞价会的车型、配置、价位。

② 在市场指导价的基础上统一下落5000～30000元不等，部分车型不但享有增配导航+倒车影像、皮质座椅、侧后膜等汽车装饰综合优惠，还能享受价格再次下落2000元。团购起步20辆开始认购，每多一位购车客户，所有团购车系再次下价500元，下价封顶为3000元。超过30位购车客户的，将由总经理揭开在原来基础上再大让利的价格（竞价车数量有限，即买即得）。

③ 车型、配置、价位以参购车为准。

④ 当即认购者以定金为准，预付定金3000元现场公示。

⑤ 凡进店客户均有进店礼品赠送。

⑥ 参加该次活动的客户需事前交100元押金，交100元抵500元。

⑦ 订车客户与购车客户签字、交相应车费后，可参加公司统一组织的游戏，获得更多礼品、汽车装饰、赢购车费等。

⑧ 购车客户在活动结束后进行统一的交车仪式。

四、活动的时间安排

1. 5月15～25日

① 私家车广播电台FM90.7，每次35秒，10次/日，共计10日的电台宣传。

② 汽车音乐电台FM89.3，每日35秒，10次/日，共计10日的电台宣传。

③ ××古城广告2期。全市宣传。

2. 5月28日工作安排

① 悬挂条幅、彩虹门，车辆准备、场地布置、展厅布置。

② 人员工作分配，召开工作会议。

③ 活动总负责人：×××（负责整体活动的方案制定、落实与督导）。

副负责：×××。

×××：负责场地、展厅、场景的布置工作协调。

×××：负责××销售顾问的安排、接待、车辆手续的协调办理。

销售顾问：负责车型的讲解。

×××：负责车辆的状态维护、试乘试驾活动的安排。

×××：专职客户的试驾。

财务部：负责定金车辆手续的办理。

×××：负责照相、礼品的发放登记。

售后部：负责车辆的PDI检测和问题的处理协调。

3. 5月28日活动流程

8:00～9:00，展厅、场地、彩虹门、音响以及人员全部到位，车辆就位，做好到店客户的接送工作。

9:30～10:00，热场。

10:00～10:10，主持人宣布“团购竞价”活动的开始。

10:10～10:50，进行团购竞价活动。

10:50～11:30，客户游戏、试驾安排。

11:30～12:00，购车手续办理、交车仪式、抽奖仪式。

12:00～12:30，客户就餐、休息及恭送客户。

4. 工作人员的安排

① 所有销售顾问全部着工服、戴胸牌（黑皮鞋、白衬衫、黑裤子、化淡妆、干净、大方）。

② 所有人员必须服从当时的工作安排。

③ 所有人员必须注意安全，尤其是车辆、人员的安全。

五、活动的物料准备

① 门口横幅：××欢迎北京现代购车团客户莅临我店！

② 展厅横幅：朗动0利率零利息；21800瑞纳带牌开回家！

③ 门头液晶屏：精彩五月·约“惠”全城！

④ 彩页（北京现代全系）与名片合订。

⑤ 礼品200份（洗衣粉、洗衣粉皂与全系车型资料一套）。

⑥ 水果和食物（香蕉、瓜子、西瓜、糖）。

⑦ 音响、麦克风、主持人。

⑧ 桌子、椅子、沙发、茶几、看板、彩虹门。

六、游戏环节

距离20米，将2014巴西世界杯足球踢入球栏内。

① 踢入1次：1个足球。

② 连续2次：立减100元。

③ 连续3次：车衣一套（领取按本店要求）。

④ 连续4次：大包围脚垫一套。

⑤ 每组每人1次机会，封顶奖励为大包围脚垫一套，切不可以重复享受。

⑥ 最终解释权归北京现代××4S店所有。

第五节　跨界营销活动策划

一、跨界营销的认知

所谓跨界营销，即某一品牌或某一产品在营销时借助其他非本行业品牌、产品或消费群体的影响力而实现销售的营销手段。

① 跨界营销意味着需要打破传统的营销思维模式，避免单独作战，寻求非业内的合作伙伴，发挥不同类别品牌的协同效应。跨界营销的实质是实现多个品牌从不同角度诠释同一个用户特征。

② 跨界营销策略中对于合作伙伴寻找的依据是用户体验的互补，而非简单的功能性互补。可以肯定，跨界营销和近年来逐渐盛行的以用户为中心的营销理念暗合，并非偶然。

③ 跨界营销面向的是相同或类似的消费群体，因此汽车4S店在实行跨界营销活动时，需要对目标消费群体做详细深入的市场调研，深入分析其消费习惯和品牌使用习惯，作为营销和传播工作的依据。

④ 跨界营销，对相互合作的企业而言，对营销能力要求更高。以往企业的营销战略，只需要考虑如何使用好企业自身的资源，而由于联合，企业需要考虑如何通过战略上的调整，在与合作伙伴的互动中，获得资源利用上的协同效应。

二、跨界营销的原则

跨界营销需要界定的不再是基于产品功能上的互补关系，而是基于用户体验的互补关系，在营销思维模式上实现了由产品中心向用户中心的转移，真正确保了以用户为中心的营销理念。

汽车经销商在实施跨界营销时，需要遵循下图所示的原则。

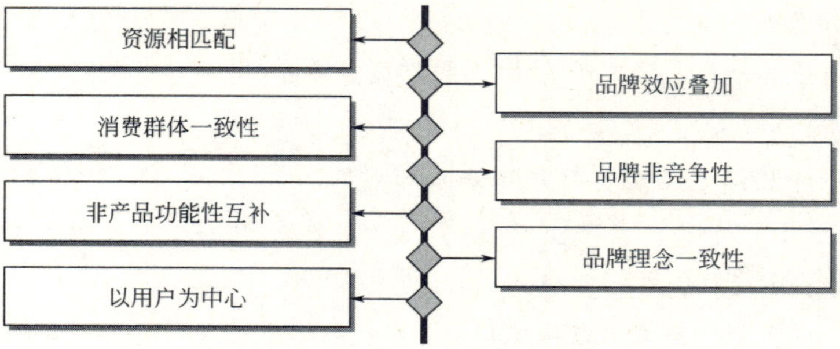

跨界营销遵循的原则

1. 资源相匹配

资源相匹配是指两个不同品牌的企业在进行跨界营销时，其在品牌、实力、营销思路和能力、企业战略、消费群体、市场地位等方面应有共性及对等性。只有具备这种共性及对等性，跨界营销才能发挥协同效应。

2. 品牌效应叠加

品牌效应叠加指两个品牌在优劣势上进行相互补充，将各自已经确立的市场人气和品牌内涵互相转移到对方品牌身上或者传播效应互相累加，从而丰富品牌的内涵和提升品牌的整体影响力。

对于每一个品牌来讲，其都诠释着一种文化或者一种方式、理念，是目标消费群体个性体现的一个组成部分，不过这种特征单一，由于竞争品牌和外界因素的干扰，品牌对于文化或方式、理念的诠释效果就会减弱。然而，通过跨界营销就可以避免这个问题，如“英雄配好剑”的道理一样，如果将“英雄”和“好剑”视为两个不同的品牌，那么“英雄”只有配上“好剑”才能体现“英雄”的英武，而“好剑”只有被“英雄”所用，其威力才能得以淋漓尽致地发挥，两者的互补才能互相衬托，相得益彰，发挥各自的效果；反之则不会达到这样的效果，只是在浪费各自的价值。

3. 消费群体一致性

每个品牌都有一定的消费群体，每个品牌都在准确定位目标消费群体的特征。作为跨界营销的实施品牌或合作企业，由于所处行业、品牌、产品的不同，要想跨界营销得以实施，就要求双方企业或者品牌必须具备一致或者重复消费群体。

比如，著名汽车品牌东风雪铁龙C2与意大利知名时尚运动品牌Kappa的合作，就是基于C2这个品牌本来是象征一种时尚，或者是一种比较活跃的、前卫的生活方式。

4. 品牌非竞争性

跨界营销的目的在于通过合作，丰富各自产品或品牌的内涵，实现双方在品牌或在产品销售上的提升，达到双赢的结果，即参与跨界营销的企业或品牌应是互惠互利、互相借势增长的共生关系，而不是此消彼长的竞争关系。因此这就需要进行合作的企业在品牌上不具备竞争性，只有不具备竞争性，不同企业才有合作的可能，否则跨界营销就成为行业联盟了。

5. 非产品功能性互补

非产品功能性互补指进行跨界相互合作的企业，在产品属性上两者要具备相对独立性，合作不是对各自产品在功能上进行相互的补充，如照相机和胶卷、复印机与耗材，而是产品能够本身相互独立存在，各取所需，是基于一种共性和共同的特质，如基于产品本身以外的互补——渠道、品牌内涵、产品人气或消费群体。

6. 品牌理念一致性

品牌作为一种文化的载体，其代表特定的消费群体，体现着消费群体的文化等诸多方面的特征。品牌理念的一致性指双方的品牌在内涵上有着一致或者相似的诉求点或代表有相同的消费群体、特征，只有品牌理念保持一致性，才能在跨界营销的实施过程中产生由A品牌联想到B品牌的作用，实现两个品牌的相关联，或者在两个品牌之间，在特定的时候画上等号。

7. 以用户为中心

如今，企业的一切营销行为都从过去围绕企业和产品为中心向以消费者为中心的转变，从过去关注自身向关注消费者转移。解决销售只是一种手段，关注消费者需求，提供消费所需才是企业真正的目的，企业更多强调消费者的体验和感受，因此对于跨界营销来讲，只有将所有的工作基于此点上才会发挥其作用。

相关链接 ▸▸▸

车企跨界营销如何跨界不出界?

所谓跨界营销，简单来说就是将不同的元素相互渗透和融合，给品牌一种立体感和纵深感。这既是一种功能上的互补，也是用户体验上的互补。而这种互补在汽车上体现得更为彻底。对于汽车企业来说，跨界营销已经成了最常用也最热衷使用的工具之一，从豪华品牌奔驰、宝马、奥迪、沃尔沃，到大众品牌北京现代、东风标致、上汽通用等，几乎每一个车企都做了非常多的跨界营销。随着人们对环保和健康重视程度的日益提高，与体育赛事相结合的跨界营销更是成为了各大车企争相参与的“宠儿”。那么，跨界营销究竟该怎么玩？又如何评判跨界营销的效果呢？

第一，要选择气质相投的合作对象。

英菲尼迪和《爸爸去哪儿》的合作大获成功，关键因素之一就是英菲尼迪JX所倡导的理念——“给自己和爱的他们，多一点时间与空间”与《爸爸去哪儿》所倡导的父子之爱、家庭之爱相契合，更与英菲尼迪“敢•爱”的品牌概念完美融合。

再如沃尔沃举行的招募车主参加哥德堡马拉松比赛活动，就是因为马拉松所倡导的环保健康的理念和沃尔沃所倡导的尊重生命、亲近自然、热爱生活的品牌理念是一致的。而且此次马拉松比赛的地点在瑞典的哥德堡，选手可以实地感受到北欧人不焦虑、健康、积极向上的生活观，还可以实地感受沃尔沃一直所宣传的北欧的空气质量。

东风日产曾在《我是歌手》中植入天籁·公爵以及新奇骏两款车型，但由于车型的品牌特点和栏目的特质并不相符合，最终并没有引起观众的共鸣，很多消费者都不知道东风日产也是《我是歌手》的赞助方。

跨界营销需要的是品牌之间的契合与消费者的共鸣，如果为了跨界而跨界，最终就只会造成双方都“出界”，达不到想要的效果。

第二，要强调消费者参与。

跨界营销的本质是消费者参与的内容营销，故事的主角是“观众”，他们参与故事，而不是只看热闹，这也是众多车企热衷于体育类营销的原因之一。但也有不少车企把跨界营销做成了一场“秀”，仅仅是在社交媒体上自娱自乐，忽略了消费者的参与度，这样的营销就只能叫作“烧钱”。

作为跨界营销的高手之一，沃尔沃就特别强调消费者的参与度，经典的案例如沃尔沃和本来生活网联合发起的抢夺北欧生鲜优享包、寻找“北欧空气”活动及沃尔沃车主参与哥德堡马拉松比赛活动，沃尔沃都高度强调消费者的直接参与，只有消费者的亲身参与，才可能把车企想传递的品牌理念传递给更多人。

沃尔沃车主在哥德堡参加马拉松比赛，亲身体验到了沃尔沃所宣传的“北欧空气”，感受到沃尔沃向我国消费者传递的环保、健康的北欧生活方式，对沃尔沃的品牌理念就会理解得更加透彻，沃尔沃的品牌理念也会更加深入人心。

第三，要把握恰到好处的跨界引爆点。

随着环境的变化，环保健康的生活方式成为公众最为关心的热点话题之一。沃尔沃借势招募车主参加倡导环保、健康出行方式的马拉松比赛，就必然会受到车主的热烈响应。在消费者心目中，沃尔沃也因此成为了环保、健康生活方式的代名词，沃尔沃“开门是北京，关门是北欧”的在业内堪称标杆的车内空气质量标准也必然会得到更多消费者的认可，从而影响消费者的选择。

所以，车企做跨界营销，也必须讲究天时地利人和，不能为了跨界而跨界，自娱自乐。以用户为中心、恰到好处，不出界，才可能事半功倍，获得较大的回报。

三、跨界对象的选择

跨界营销就像“谈恋爱”，找对伴侣才幸福。你的跨界对象，必须与你相配才行，好车配好酒，劳斯莱斯和北京二锅头恐怕永远都是“格调错位”，所以宝马牵手百度，凡客和巨人网游寻求跨界合作。那“TA”要符合哪些要求才合适呢？

1. 门当户对的TA

跨界营销首要考虑的就是“门当户对”。首先，要有“共有消费群”，即联合的品牌必须针对同一档次的目标消费者。

比如，东风雪铁龙 C2与 Kappa 的合作，就是基于双方都是象征时尚的品牌，强调活跃和前卫，消费群里的消费特性和消费理念基本具有一致性。

东风雪铁龙C2与Kappa的合作

其次，实力相匹配。合作对象必须有能力与你合作，合作才有价值。如果合作各方实力严重失衡，合作的稳定性和发展前景也会受到严重的威胁。

较成功的跨界营销案例，诸如耐克公司和苹果公司的跨界合作、著名牛仔裤品牌李维斯与苹果公司的合作等都体现了“门当户对”原则。

2. 来自星星的TA

跨界联合的企业之间不存在现实的竞争关系，合作关系更容易建立，也容易取得更好的效果。因为看似不相关，所以需要大动作的“跨”，而经“高手”调剂后，以其资源重配的巧妙，能达到“1+1 > 2”的互补效应。

比如，世爵汽车联合PRADA（普拉达）打造汽车，三星联合阿玛尼出品手机，可口可乐联合魔兽世界做联合推广……这些看似风马牛不相及的产品通过跨界营销获得双赢，增加品牌协同效应。

3. 互补的TA

“跨界”营销中的互补关系，不是基于产品功能上的互补关系，而是基于用户体验的互补关系。

比如，Mini（迷你）与Puma（彪马）分属汽车与服装两个不同的领域，是互补性品牌。但双方品牌在消费体验上有着很多的共通性——自信、年轻并且热爱自由，把追求运动和时尚作为一种生活态度。根据双方的合作市场推广协议，Mini在装备礼品鞋的黑色Cooper车身外观打上Puma的Logo；Puma则专门设计出一款黑色的驾驶用鞋Mini运动二分鞋作为回报，这样消费者就获得了互补的运动体验。

4. 能够帮助你的TA

两个品牌在一起，能够在优劣势上进行相互补充，将各自已经确立的市场人气和品牌内涵相互转移到对方品牌身上，实现双赢，产生品牌叠加效应。就像“好马”配上“好鞍”才能淋漓尽致得诠释其威力，在众多“品牌”联手的过程中也获得了很好的成绩。

四、跨界合作的方式

跨界的深层次原因在于，当一个文化符号还无法诠释一种生活方式或者再现一种综合消费体验时，就需要几种文化符号联合起来进行诠释和再现，而这些文化符号的载体，就是不同的品牌。一般来说，跨界合作有下图所示的几种方式。

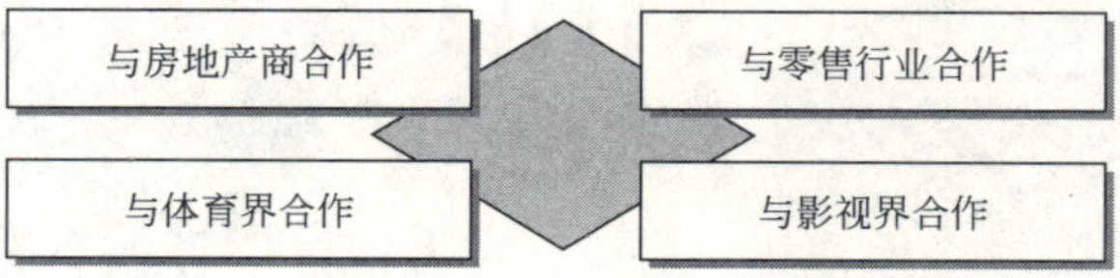

跨界合作的方式

1. 与房地产商合作

汽车4S店选择和房地产商进行合作，可引起双方在产品上的互补性。首先，买车和买房的客户群有很大一部分是交叉的，双方可以说面向同类型消费者。其次，在选择合作对象时，也分析了对方的房地产项目距离市区有一段距离，因此购买汽车作为代步工具成为该社区业主的现实需求。

不过，由于双方往往处于不同行业，有时会出现产品特点或品牌方面的不相容甚至冲突。因此，汽车4S店在选择房地产商时，一定要注意档次的一致性。

例如汽车4S店的产品是中低端小车，如果选择了中高端的房地产商，效果就不会很好。如果汽车4S店的产品是中高级车，选择了中低端的房地产商，效果当然也不会很好。

营销伙伴在品牌或产品方面都不相配，不仅达不到营销效果，还会存在损害汽车品牌的风险。

与房地产商合作截图

2. 与体育界合作

汽车和体育运动之间的合作，除了最初的赞助比赛和冠名外，很多汽车企业开始致力于举办自己的高尔夫球比赛，借此也能维护良好的客户关系和提高口碑，可谓是一举多得。当然，对于国际大型体育活动，一般是由汽车企业来组织策划，汽车4S店主攻市场则是本地区的各种体育活动。

比如，长安第二代逸动赞助首档篮球竞技原创节目——《这！就是灌篮》，作为官方用车与篮球选秀节目跨界合作，在汽车界可以说是引起了不小的轰动。

3. 与零售行业合作

汽车4S店可以选择与本品牌相匹配的大型商场、超市实施跨界营销。如将车放在商场、超市展示，从而提高其认知度。

4. 与影视界合作

将汽车产品或品牌融入电影，通过各种场景，让观众在不知不觉中留下对汽车产品及品牌的印象，从而达到营销产品目的的方式称为植入式营销。

汽车影视植入营销模式有以下三种。

（1）汽车品牌在电影中简单出镜　汽车公司作为电影的赞助商，简单让产品在荧幕出镜，比如《非诚勿扰》中的斯巴鲁。

（2）汽车品牌与电影人物相匹配　注重汽车品牌与电影人物气质的匹配，由此为汽车品牌注入更多的内涵，比如《皇家赌场》中的阿斯顿马丁。

（3）汽车品牌作为电影中的“主角”　出现以汽车为主题的电影，汽车担任主角，比如《变形金刚》与《极速60秒》。

其实电影营销早已不是新鲜事儿了，这不仅能够起到比广告更深入人心的宣传作用，还能在观众心目中为品牌形象做定义。

比如，《美国队长3》这种英雄主义电影，能够把奥迪强而有力又充满正义感的形象植入消费者心中。

五、跨界营销的技巧

不同品牌、不同行业之间的“恋爱”越来越流行。看着风马牛不相及的两个领域，一旦走在一起却能擦出让人惊喜的“火花”，这就是跨界营销的魔力。好的跨界不是一次合作，也不是简单的媒介组合，要想做好跨界，需掌握一定的技巧，具体如下图所示。

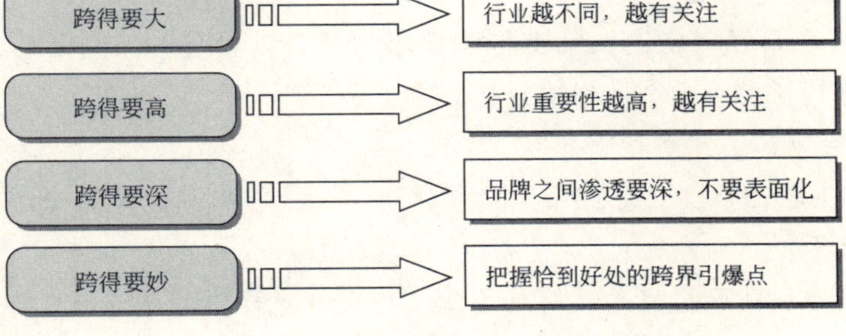

跨界营销的技巧

1. 跨得要大——行业越不同，越有关注

正如恒大，从房地产跨界旅游度假产品，从体坛延伸到饮用水，跨度之大，行业涉及面之广，喜欢足球的“粉丝”，对恒大冰泉产生爱屋及乌的接纳，而周末度假的游客对恒大房地产又有了全新体验。

2. 跨得要高——行业重要性越高，越有关注

早些年最经典的跨界之一就是凯迪拉克联手Zegna（杰尼亚），站在金字塔顶端时，不难猜测，各种羡慕的眼光，仿若天下盛事，媒体都瞄准了这对“金童玉女”。身穿全球奢华男装品牌Zegna，驾驶着顶级跑车凯迪拉克，两大顶级品牌共同演绎“锋尚汇”，借此活动评选出“最具凯迪拉克精神奖”和“最佳着装奖”，一场“牵手”时尚的跨界营销，以天作之合赢得关注。

3. 跨得要深——品牌之间渗透要深，不要表面化

《变形金刚4》除了赢得孩子们的欢呼声外，还赚取无数爱车人士的青睐，无论从款型、色彩、功能，还是从宣传展示，都相当炫酷，绝对是一场精彩绝伦的豪车展示。这种跨入影视界的营销，从《变形金刚1》至《变形金刚4》，一直在升级，同时渗透到品牌的文化，从纯动画制作到荣耀正义，彰显品牌的理念，这种深入，恰能带来一种精神号召力。

4. 跨得要妙——把握恰到好处的跨界引爆点

跨界，就是集合各种优势条件，在天时地利人和的瞬间，踩对节拍，引爆传播力。借势恒大夺冠，恒大冰泉正式登场，开始打造我国饮用水领军企业的宏伟目标，步步递进的悬念式营销策略，为产品造势。恒大冰泉迅速占据了各大广告版块，结合正能量的呼唤声，站在了扬眉吐气的巅峰时刻。

六、跨界营销方案

下面提供几份汽车4S店跨界营销策划方案的范本，仅供参考。

【范本】

东风雪铁龙——世嘉，“百万嘉奖”跨界金融营销

世嘉曾经联合东方财富网，推出持续三季的“百万嘉奖”系列活动，以“冠军三部曲”跨界金融营销活动去吸引及影响目标人群。

第一季：“百万嘉奖，财智新冠”。

活动时间：1月15日～2月25日。

活动内容如下。

（1）大盘竞猜　猜股指涨跌，简单易懂，25天全对者即可开走世嘉轿汽，吸引广大业余投资人群参与。

（2）自助押宝　通过多环节获取活动金币，押取自己最心仪的礼品，所押金币越多，中奖概率越高，吸引广大投资理财初学者和白领受众参与。

（3）炒股大赛　以100万股票操盘基金为大奖寻找股市达人，吸引广大投资人群参与模拟炒股大赛。

第二季："百万嘉奖，冠军风云"。

活动时间：3月30日～4月29日。

活动内容如下。

（1）冠军操盘　第一季活动的冠军使用100万股票操盘基金实盘公开操作一个月，用户参与活动，观看冠军操盘，学习高手操作，吸引广大投资人群参与。

（2）冠军互动　视频采访冠军，与广大投资者分享投资经验和冠军感言，网友还可以在线与冠军进行互动交流。

（3）转发有礼　激励用户邀请好友参与活动，共同围观高手操盘，使活动影响力扩散至原有用户的朋友圈，覆盖大量非财经用户的世嘉目标群体。

第三季："百万嘉奖，巅峰对决"。

活动时间：9月5日～10月26日。

活动内容如下。

（1）十大高手对决　东财历届炒股大赛的十大冠军巅峰对决，决出冠军中的冠军，大奖为中国羽毛球队世界冠军签名限量版世嘉三厢轿车一辆。

（2）网友挑战高手　网友在观战的同时，可以选择高手进行挑战，挑战者中的冠军将获得千足金条大奖，吸引较专业的投资人群参与。

（3）荐股达人赛　推荐下个交易日大涨3%以上的股票，用户在证明自己选股能力的同时，还可以参考其他股市达人推荐的潜在"牛股"，广泛吸引专业和业余的投资人群参与。

【范本】

东风标致207和Levis（李维斯）"牛仔探索之旅放胆炫"

一、合作理由

① Levis牛仔品牌是时尚潮流引领者，带有鲜明的符号象征意义——独立、自由、冒险，与东风标致207的产品定位不谋而合，代表我国年轻一代的先锋群体。

② 两个品牌的合作表明年轻一代的生活态度，是对东风标致207绚丽的外观、强劲的动力、高品质安全、卓越的科技性能以时尚的名义作出完美定义。

二、活动介绍

在腾讯平台输入个人信息即可参加城市地标征集活动，上传都市牛仔宣言和地标照片，由网友投票进行评选，被评选为最佳照片，便有机会获得东风标致207车辆使用权6个月。

三、活动亮点

打造"207牛仔团"族群标签：将东风标致207及Levis族群的品牌精神注入到目标受

众群中，以207、Levis牛仔团的个性标签，给予目标受众群强烈共鸣，诠释及传递东风标致207产品性格——年轻、动感、激情。

【范本】

Jeep车友与恒大房友的派对

一、活动策略

1. 合作目的

通过将现有的相同的客户群体互换，促使合作双方达成集客和留资目的，最终达成增加销售产品数量的目的。

2. 合作方式

联合活动、客户资源共享、指向性优惠、交换展示、媒体共享、跨区域媒体宣传等。

3. 合作背景

现代都市年轻人已将房子、车作为结婚时的必备配套设施，同等价位的房、车配套购买也成为现代人的一种购物习惯。

二、活动目的

① 突出Jeep独特的越野性能（强劲动力搭配完美操控、引领全球下一代SUV的9速变速箱）；展示恒大会所人性化、完善的服务质量（完善的娱乐休闲设施、豪华尊贵的舒适享受）。

② 介绍Jeep的品牌文化及产品特色，形成与竞争对手的差异化营销；介绍恒大集团的文化理念、服务宗旨和强大的实力保障，形成与精品楼盘的强力对比。

③ 强化恒大、Jeep在受众心目中的知名度和美誉度，通过相同阶层、不同领域客户扩大宣传力度，最终实现共赢的良好局面

④ 恒大、Jeep本着分享市场营销中的资源、降低市场成本、提高客户精准度选择、增强市场竞争力的目的达成合作协议。

三、合作搭配度

① 我国房地产500强排名，恒大排行第二。

② 中进百旺是中进汽贸全资子公司。

③ 都具有雄厚的后备力量支持，产品价格大多在30万～110万元之间。

④ 社会精英占据了大部分的产品消费人群，他们大多懂得享受，热爱生活。

四、活动信息

活动主题	好男人不该让心爱的女人承受无尽的等待
活动构成	产品介绍、品味演出、文化盛宴、激情互动、休闲娱乐
活动时间	2016年9月22日
活动场地	恒大××会所
参加人员	客户、媒体、汽车4S店领导及员工、恒大××领导及员工

五、活动流程

1. 互动游戏

关键词：今日时尚达人评选、遥控车迷宫比赛、《盲探》电影对白模拟、体感足球游戏比赛。

2. 品位演出

关键词：沙画表演（Jeep出游故事、恒大生活品质）、糖艺表演。

3. 吸引嘉宾

关键词：签名墙、TVC播放、糖艺表演的环节——一个个的车型、房屋被制作出来送给到场嘉宾。

4. 房、车咨询

关键词：冷餐酒会、嘉宾自由赏车、看房。

六、活动执行流程

时间	议程内容安排
14:00前	所有工作人员到位，检查各种物料、展示车辆等准备情况
14:00 ~ 14:30	嘉宾/媒体签到，互动游戏
14:30 ~ 15:00	主持人宣布发布会开始及致开幕词
15:00 ~ 15:15	现场达人评比，颁奖，拍照合影
15:15 ~ 15:35	沙画表演
15:35 ~ 15:55	领导或嘉宾讲话（各5分钟），宣传片（各5分钟）
15:55 ~ 16:05	糖艺表演
16:05 ~ 16:25	在糖艺师的手中，一辆辆“汽车”、一栋栋“房子”被制作出来送到嘉宾手中
16:25 ~ 16:35	销售顾问/置业顾问对产品、政策进行介绍
16:35 ~ 16:45	沙画表演，展示Jeep生活、恒大品质
16:45 ~ 18:00	冷餐酒会开始，穿插互动游戏，文艺演出，来宾赏车，看房，询问购买

注：现场流程供参考，实际时间及议程内容依实际情况确定调整。

七、宣传推广

恒大××目前已在北方新报打出一期硬广，各大房产网站也有软文播报，后期持续曝光。

1. 前期预热

报纸、电台硬广；5家网站焦点图，软文套红；邀约（短信、电话）；微博；微信；邀约不同媒体到店进行实拍。

2. 活动进行

通过网络进一步进行炒作；微博；微信；店内装饰；客户再次邀约。

3. 传播持续

网络稿件；微博；微信；报纸、杂志平面软文。

八、促销政策

（略）

九、活动准备

①人员安排清晰，迎宾、接待等。签名背景墙及条幅等各种物料制作清晰、精美。

②试乘试驾车辆色彩亮丽，装饰精美。

③现场灯光，调动现场互动氛围。

④现场座椅数量要超出邀请嘉宾数量。

⑤现场演员、模特的形象、气质良好，礼仪小姐统一着晚礼服。

⑥电源不间断供应。

⑦现场准备瓶装饮用水、水果、点心。

⑧嘉宾签到要有签到本、签名笔。

⑨准备宣传片光盘、宣传画册、新闻资料，用手提袋装好，每位嘉宾一份。

十、人员分工

事项	负责事项	负责部门
总指挥	负责现场整体把控	总经理
宣传	网站、微博、微信的软文发布	市场部
物料制作	所有所需物料制作完毕	市场部
第三方公司	所有演员、道具、设备等	市场部
政策	车辆促销政策	销售部
车型介绍	自由光新车介绍	销售部
接待组	负责客户接待，试乘试驾协议签订，礼品发放	行政部+客服部
媒体接待	负责媒体的邀约、接待，礼品发放	市场部
救援组	负责人员、车辆的应急救助，包括客户活动当日车辆的引导和停放	售后部
现场组	负责现场各自工作	全体

十一、危机预案

1. 人员意外应对

①准备真龙红花油、云南白药喷雾剂、创可贴，应对客户不小心撞伤、擦伤。

②准备救援车辆，以备发生意外后第一时间把伤者送到附近医院就医。

2. 天气意外应对

提前查看天气预报，如遇到雨雪天气，推迟1天举办。

3. 车辆意外应对

①准备救援车辆，随时待命，遇到车辆熄火、碰撞等，及时赶到现场进行救援。

②准备少量费用，以备不时之需。

4. 其他意外应对

现场物料、物品出现问题，及时联系第三方公司处理。

03
第三章 Chapter Three

汽车4S店假日促销活动策划

第一节　假日促销活动认知

一、假日促销的概念

假日促销是指在节日期间，利用消费者节日消费的心理，综合运用广告、公演、现场售卖等营销的手段，进行产品、品牌的推介活动，旨在提高产品销售量，提升品牌的形象。归属上，它是整个营销规划的一部分，而不是短期售卖活动，对于一些节日消费类产品来说，假日促销的意义显得更为重要。

假日促销是非常时期的营销活动，是有别于常规性营销的特殊活动，它往往呈现出右图所示的特点。

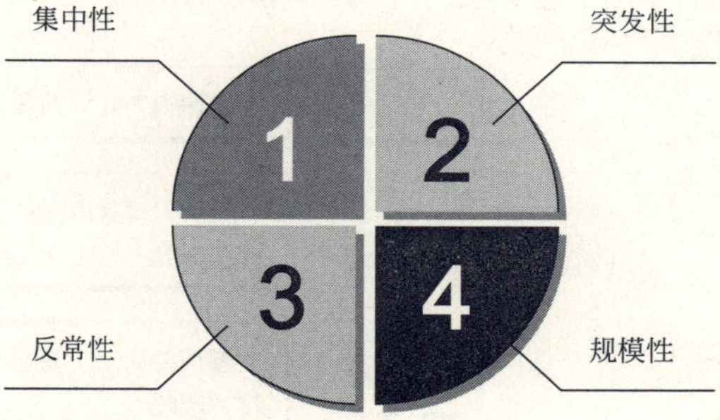

假日促销的特点

二、365节日循环图

每年的365天的节日是一样的，通过右图所示的365节日循环图，可以看到每个季节主要的节日。

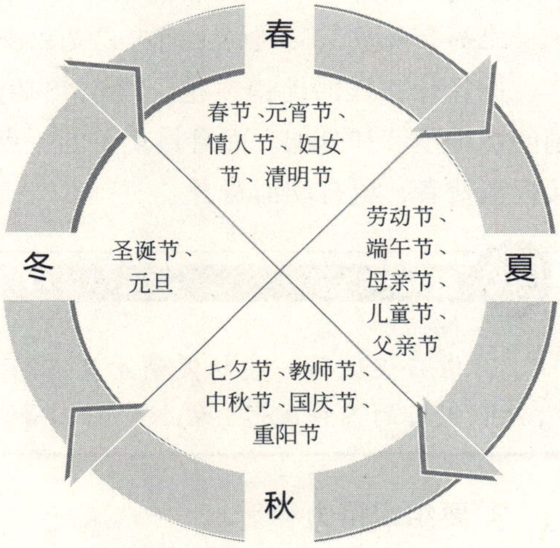

365节日循环图

三、假日促销的原则

要想做好假日促销，应掌握一定的原则，具体如下图所示。

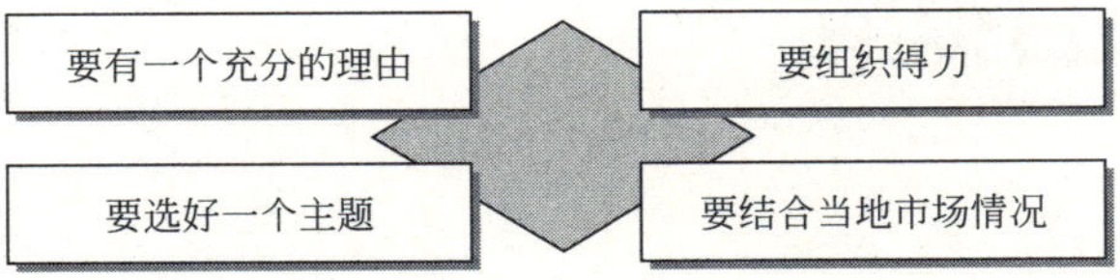

假日促销的原则

1. 要有一个充分的理由

汽车4S店开展假日促销的目的是什么？市场的现状又是怎样的？是新车上市？还是要提高汽车销量？或者是提高汽车品牌的知名度？只有活动目的明确，理由充分，才能做到有的放矢。

2. 要选好一个主题

促销活动要给消费者耳目一新的感觉，就必须要有个好的活动主题。假日促销主题设计有几个基本要求，具体如下图所示。

要求一	要有冲击力，让消费者看到后记忆深刻
要求二	有吸引力或者令人产生兴趣，例如很多厂家用悬念主题吸引消费者继续探究
要求三	主题词要简短、易记，一些主题长达十几个字或者更多，谁也没有精力理睬

假日促销主题设计的要求

不同的假日，汽车4S店所做的促销活动主题都有所不同。

比如妇女节，促销的主题可以是以女性为主，主推一些适合女性的车型。

选择什么样的促销主题，汽车4S店首先要考虑到活动的目标、竞争条件、环境及促销的费用预算和分配。而且最重要的一点是，在确定主题后，淡化促销的目的，使活动更接近消费者，更打动消费者。

策划一点通：

假日促销与一般的促销意义不同，假日受传统文化的影响较大，所以更需要注意假日的各种风俗、礼仪、习惯等民族特点。

3. 要组织得力

假日促销的环境嘈杂，人多，因此组织实施更要有力。做好假日促销，要事先准备充分，把各种因素考虑到，尤其是促销终端人员，必须经过培训指导，否则会引起消费者不满，活动效果将大打折扣。

4. 要结合当地市场情况

理性预测和控制投入产出比，切不可盲目跟随，挥金如土；突出自己的优势和卖点；事实上，假日促销活动的计划，要“因己制宜”，这样才能取得好的效果。

很多商家是看到别的品牌在促销，自己也促销，这样被动的促销，并不能够保证生意的火爆进行，往往还会带来亏损，如果想要将促销生意做得好，只有把握了这些原则，才能达到促销的目的。

第二节　假日促销活动策划要点

一、市场调查分析

通过市场调查，初步确定活动的主题、内容、时间和地点，具体要求如下图所示。

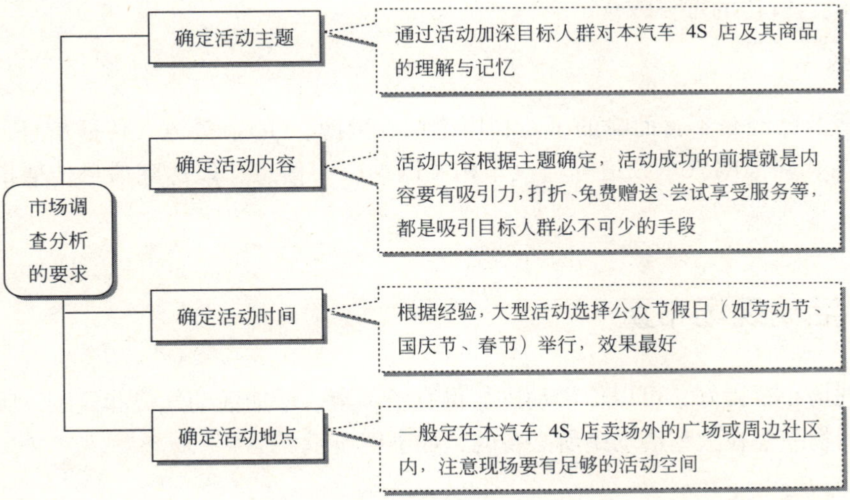

市场调查分析的要求

二、信息发布

汽车4S店可以通过以下渠道来发布活动的相关信息。

1. 报纸

一般许多都市报之类的报纸都会有汽车专版，可以选择在专版板块刊发信息。利用报纸发布要注意的要点如下表所示。

利用报纸发布的注意要点

序号	注意要点
1	活动信息一定要在当地发行量大且影响力高的报纸上发布
2	在当地报纸种类很少，无选择余地的情况下，可在发行量最大的报纸上直接发布指定广告
3	提前确定广告发布日期，活动举办时间和广告时间间隔不超过5天，最后一期广告在活动前2天内刊出，不可与活动时间相隔太长
4	刊发可提高参与热情和人数的信息，如“活动在11:30开始，请不要太早排队”
5	注意要在广告边角上加上“活动解释权归××公司所有”内容，以避免带来一些不必要的麻烦

2. 电视

电视广告以滚动字幕或尾板方式配合，内容以介绍活动为主，辅以汽车4S店介绍或简单的商品介绍等内容。

3. 电台

电台没有电视直观，更没有报纸拿在手中长时间翻阅的优势。用电台传播信息一定要反复强调具有吸引力的内容及活动的时间地点。几乎每个大中城市都有交通频道，这是汽车4S店做电台宣传的重要阵营。

4. 网络

网络普及已经是不言而喻的了。利用论坛、微博、QQ群等方式传播信息，当然也可以在易车网、新浪网汽车频道等与汽车相关网站公布信息，以达到信息传播最大化及有效性。

三、活动现场布置

活动现场布置得好，可以使活动进行得有条不紊，增加活动气势和氛围，吸引更多人参与。以下物品是在大型活动中所必备的，如下图所示。

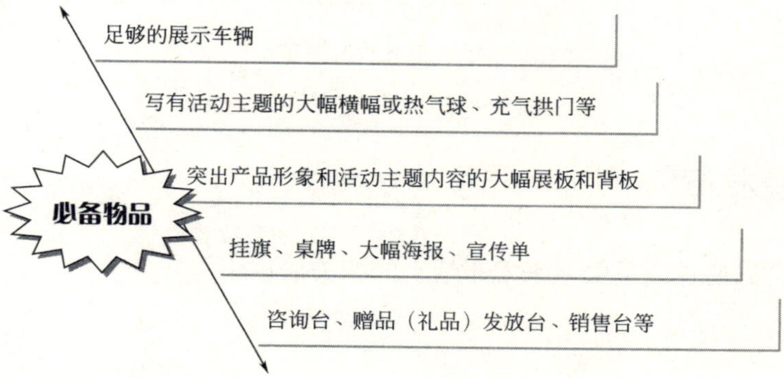

大型活动必备物品

四、活动人员安排

① 安排足够数量的促销服务人员，并佩戴工作卡或绶带，便于识别和引导服务。
② 现场要有一定数量的秩序维持人员。
③ 现场咨询人员、促销人员既要分工明确，又要相互配合。
④ 应急人员。

五、活动公关联络

提前到工商、城管等部门办理必要的审批手续。

六、现场执行要点

在进行活动策划时，需要注意掌握现场执行要点，具体如下图所示。

要点一	工作人员第一个到达现场，各就各位
要点二	宣传人员派发宣传单，介绍活动和产品，引导顾客至销售台
要点三	掌握好活动节奏，维持好现场秩序，防止出现哄抢和其他意外，以免造成负面效应
要点四	促销人员准备销售事项，介绍销售产品
要点五	赠品在规定时间发放，不宜太早或太晚，发放时登记个人资料并签字
要点六	主持人宣布活动结束，现场暂时保留至可能时间
要点七	现场销售台继续销售
要点八	现场清理，保留可循环物品以备后用

活动现场执行要点

七、假日促销活动评估

假日促销活动的目的是期望在节假日期间，增加客流量，提高客单价，促进商品的销售，提升业绩，进而提高店铺的知名度，使日后来店消费的顾客能持续不断地增加。所以，当促销活动结束后，汽车4S店应组织相关人员举行例行的检讨会，分析促销活动成果，以确保促销活动实施的成效，并作为下次促销活动的参考，从而提供最好的顾客服务，以达到持续经营的目标。

第三节　假日促销活动策划方案

下面提供几份汽车4S店不同假日期间促销活动方案的范本，仅供参考。

【范本】

××汽车4S店年度节点营销活动方案

月份	活动主题	活动类别				预算
		区域性车展	店头活动	巡展	外展	
1月	茶道与健康生活讲座活动		●			
	迎春节一月购车订车抽奖活动		●			
2月	我的最爱——春节联欢会节目竞猜活动		●			
	正月十五灯谜会活动		●			
	传达爱的蜜语——情人节购车献礼活动		●			
3月	3月8日快乐女人购车节		●			
	3月8日购车做“香”车美人		●			
	3月8日丽人安全行车讲座		●			
4月	奢侈品展厅鉴赏活动		●			
	迎五一，“贷”动梦想		●			
5月	五一购车精彩无限活动		●			
	五一汽车服务乡村行	●				
	感恩母亲，温情祝福		●			
	母亲节——献给妈妈的爱		●			
6月	六一儿童节——回味幸福童年		●			
	开心周末——家庭试驾活动		●			
	父亲节亲子同乐、购车同乐、保养同乐		●			
	父亲节——父爱如山购车回馈活动		●			
7月	排队停车广告			●		
	汽车户外电影				●	
8月	8月8日奥运周年嘉年华活动		●			
	竞品对比专场试驾				●	
9月	高档消费场所赠送礼品活动		●			
	献给老师的爱		●			
10月	乐享国庆假日，爱车检测活动		●			
	金秋国人庆盛世，奔腾豪礼节节送		●			
	中秋节购车——欢乐又团员		●			

续表

月份	活动主题	活动类别				预算
		区域性车展	店头活动	巡展	外展	
11月	美丽大讲堂——冬季皮肤保养与车身保养		●			
12月	圣诞答谢晚宴		●			
合计						

注：●表示属于此一类别。

【范本】

××汽车4S店全年活动方案

月份	日期	活动主题	活动内容
3月	3月1～5日	“自信女人，美丽随你行”	（1）即日起至3月15日，来店看车的女性客户，均可获得纪念品一份 （2）即日起至3月15日，来店参与试驾的女性客户，均可获得精美试驾礼品一份 （3）即日起至3月15日，在汽车4S店购车的女性客户，我公司将免费为您的爱车安装倒车雷达，为您的安全驾驶保驾护航 （4）活动期间维修保养车辆金额满×××元，可获赠精美休闲毛毯一件；维修金额满×××元，可获赠精美床上用品“四件套”一份（不含保险定损、保修车辆）
	3月15日	“3·15”诚信宣传活动	××省工商局、省诚信会、××诚信会组织的车展活动，汽车宣讲、品牌推广、企业赞助等活动
	3月30日	××团购会	凡是3月30日前报名参加团购的客户均可享受超值团购价
4月	4月1～30日	俱乐部营销活动	活动期间购车送俱乐部积分，送维修基金和装饰件，修车不花钱
5月	5月1～3日	五一汽车文化节	参加由××三套《最爱是车》栏目组织的汽车文化节活动
6月	6月1日	六一亲子活动	“放飞梦想，心中爱车”亲子活动（儿童车身彩绘、绘画比赛、唱歌跳舞等）
	6月1～30日	燃情夏日，夏季送冰凉	与国美、苏宁等家电集团开展联合营销活动，活动期间，根据不同车型送空调和冰箱等电器，提升销量，解决用户急需购买的家用电器
7月	7月1～30日	“××之夜”夏季社区路演活动	（1）活动组织形式：车辆性能宣介+现场互动+表演+嵌入式营销 （2）参与人群：潜在客户、老客户、社区居民 （3）领取礼品、现场互动、节目表演、车辆介绍等
8月	8月1～30日	你买车，我养车	在活动要得到厂家费用支持的情况下，对××的利润车型开展“你买车、我养车”活动，如活动期间购××款车，四年维修保养全免费（限××籍、××籍用户）
9月	9月8～12日	××汽车：首届××高校汽车文化节	（1）由高校汽车协会组成“××省高校汽车联盟”，以“汽车联盟”的名义在学校举行“××省首届高校汽车文化节”，××汽车集团以赞助方式参加 （2）开展：现场展示、DM派发、网络宣传、教师专享政策、老客户荐友活动 （3）开展现场招聘会，为公司输送人才，为学校解决就业问题 （4）让汽车协会爱好者、汽车专业学生参加汽车活动知识讲解、汽车拆装等活动

续表

月份	日期	活动主题	活动内容
9月	9月15日	情侣对对碰节油赛	（1）定量比赛：每辆汽车加入1升汽油，比较行驶距离，距离最远的嘉宾胜出 （2）定载比赛：每辆汽车加入1升汽油，满载4人，测试满载行驶距离 （3）定程比赛：每辆汽车加入1升汽油，在规定时间内完成10千米行驶距离，以耗油最少的嘉宾胜出 （4）现场互动："你是我的眼"，设置路障组成停车位，男嘉宾在倒车过程中不准使用车辆后视镜及倒车雷达，女嘉宾可下车提示，最快停车成功的嘉宾获胜
10月	10月1～7日	举国欢庆， 感恩九重大礼等您拿	来店就有礼，看车有大礼，购车送豪礼，如国庆节期间，××车型直降×××元，送×××元大礼包、维修基金，送省内一日游，送电影票，送装饰件，送油卡等活动，免费检测、工时费8折、材料费8.5折等活动
	10月5日	"天使之眼" 送重阳关怀	联系××车主与电视台、报纸、汽车网等媒体，开展"天使之眼"送重阳关怀活动，在××市敬老院开展慰问关怀活动，送温暖，送祝福，送带有××标志的日常生活用品、电器等，提高品牌知名度与曝光率
	10月17～22日	××第×届车展	认真组织车展活动，活动期间开展让利促销、精品展示、新车上市等活动
11月	11月1～15日	温泉自驾游	凡在活动期间购××的车主均可参加温泉自驾游活动，仅限车主和家人，预计30辆车，各大媒体全程跟踪报道，同时举行摄影比赛；宣传方式包括软文、网络、店头、短信、车贴、温泉村横幅，提高品牌知名度和用户满意度，丰富生活
12～1月	12月1～15日	影院贺岁大片 嵌入式营销	通过与电影院合作进行电影票、POS、广告等交互投放进行展厅集客，包括电影票、电影院门口海报、展架、横幅、电影播放前贴片广告等宣传模式
	12月24日～ 1月3日	迎元旦，庆圣诞	圣诞主题车饰评比、圣诞小天使评比、圣诞花车展示、圣诞老人开车送礼；汽车排出的巨型圣诞树展示；趣味小游戏
	12月30日	携手并进再创佳绩 ——××团拜会	举办车主团拜会活动，邀请忠实用户50人、集团公司领导、厂家领导、公司全体员工组织大型团拜会活动，提高用户满意度

【范本】

××汽车4S店春节活动方案

一、活动主题

新年送豪礼，订车中大奖。

二、活动时间

××月××日～××月××日。

三、活动对象

××月××日～××月××日期间，成功订购任一款车型的客户。

四、抽奖时间

××月××日××时。

五、活动形式

文艺表演+抽奖。

六、活动地点

××汽车4S店展厅。

七、活动目的

① 抓住节日商机，推出大型促销活动吸引客流，促进节日期间订单受注，刺激消费。

② 拓展销售渠道，增加目标受众。

③ 扩大公司品牌知名度和美誉度，提高公司品牌在受众人群中的影响力。

八、奖项设置

一等奖：38寸等离子电视，价值8888元，1名。

二等奖：数码DV，价值2888元，1名。

三等奖：电热茶具、电磁炉、果汁机（任选一件），价值388元，3名。

来店客人均有礼品赠送（维修工时券或精美小礼品，贺年类礼券）。

九、前期宣传

① 短信告知：××月××日、××日分批次发送，各发送5万条。

② 网络告知：××阳光网、××汽车网、××公司网站软文发布。

③ 电台宣传：××交通音乐台、综合频道。

④ 报纸宣传：××日报、××都市报。

⑤ DM宣传：××日报、××日报、××都市报。

⑥ 店头宣传告知：彩色喷绘、条幅、易拉宝、活动宣传单页。节日活动气氛的渲染。

⑦ 销售顾问口头告知，客户互相传达。

十、活动日程安排

××月××日～××日，店头宣传布置，活动宣传，扩大活动影响力，增加受众群体。

××月××日～××日，准客户邀约。舞台背景的制作、音响，演员预约。活动奖品及礼品筹备。

××月××日，抽奖活动用品的筹备，舞台及活动场地搭建，活动当天人员安排。

××月××日，抽奖活动。

××月××日，活动总结，费用报批。

十一、抽奖活动流程安排

抽奖活动流程安排如下表所示。

抽奖活动流程安排

时间	具体事项	备注
10:00	再次确认邀约客户名单	欢快的背景音乐，主持人实时提醒
13:00	活动相关准备工作到位，签到台及自助餐工作人员到位	
13:30	客户到签到处签到，礼品发放，号码牌发放	
14:00	舞台音响、演员、主持人到位	舒缓的背景音乐

续表

时间	具体事项	备注
14:30	主持人致辞，介绍活动内容	舒缓的背景音乐
14:35	董事长致新年贺词	
14:40	公司领导致辞	
14:45	节目表演	
15:00	抽三等奖，中奖客户上台前礼仪小姐为其佩戴胸花	动感背景音乐
15:15	颁奖，客户发表感言	
15:20	互动游戏	动感背景音乐
15:30	抽二等奖，中奖客户上台前礼仪小姐为其佩戴胸花	
15:35	颁奖，客户发表感言	
15:40	节目表演	
15:50	互动游戏	
15:58	抽一等奖，中奖客户上台前礼仪小姐为其佩戴胸花	加强音效
16:05	客户感言	
16:10	领导颁奖，放礼炮	动感音乐
16:15	所有中奖客户合影	欢乐颂
16:20	主持人致辞，活动结束	
16:30	客户自由活动，维修人员为客户答疑	欢乐颂

十二、活动费用预算

（略）

【范本】

××汽车4S店国庆节活动方案

一、活动目的

① 以国庆节为契机，通过策划一系列活动，进一步宣传企业的整体形象，提高企业的知名度和美誉度。

② 通过国庆节长假，最大限度地提高人流量、提升人气、扩大专卖店的销售业绩。

③ 累积客户信息资源，为日后组建“××车友会”或“××自驾游”等项目做好铺垫。

二、活动主题

新概念由××汽车4S店演绎，让汽车市场也来一场“革命”吧！全新概念车××汽车面世！××汽车4S店派送八重礼！

三、活动时间

20××年9月30日～10月9日。

四、促销活动内容的设计

1. 一重礼：进店免费礼

无需消费，进店就有礼。活动期间所有顾客凭单页进店登记后均可免费领取精美礼品一份。促销说明：活动期间礼品发放数量限前30名进店的消费者（预计10天300个）。

2. 二重礼：国庆特价礼

惊爆价，推出特价车，不参与其他礼品及服务活动，每天限购3辆。

3. 三重礼：购车豪华礼（特价车除外）

不同价位段的车型将会有不同的礼品赠送，购买高端车型的客户，将赠送豪华大礼包一份。

4. 四重礼：国庆红包礼（工时费现金券）

活动期间的每天上午10点和下午4点准时派发国庆节红包礼，红包派发方式为面额800～1000元的售后服务工时费现金券，先到先得。

5. 五重礼：国庆现金礼（特价车除外）

活动期间凡购买正价车型的消费者凭购车发票或收据即可参加"抓现金"一次。"抓现金"单据当日有效，对已抓现金客户的单据由抓奖负责人注明"已抓奖，此单作废"字样。

6. 六重礼：以旧换新千元"豪"礼（特价车除外）

所有客户，在活动期间都享受以旧换新的优惠：凡以旧换新，都可减免手续费、上牌费、保险费等，还有精美小礼品赠送。

7. 七重礼：抽奖惊喜礼

公司申请举办"××汽车4S店国庆节汽车场地驾驶比赛"活动，同时也为回馈广大消费者对本店的厚爱和支持，举行此次大型购车抽奖活动。

① 活动期间凡购车的消费者均可参加一次抽奖活动。

② 抽奖细则：将编号1～6的乒乓球放在不透明的箱子里，抽完一个编号以后，再将此编号的球放入箱子里再抽，抽满6个为一组，即一次抽奖完成；每人只限抽一次；顾客抽奖时不得观看箱内，否则无效，不予兑换。

③ 本次抽奖活动建议共设置6个等级的奖励，具体设置按实际情况而定，建议多用本公司的工时现金券或汽车精品现金券等。

8. 八重礼：阳光服务礼（售后优惠服务工时费现金券）

凡是本店的客户，在国庆节促销活动期间都可以来专卖店免费享受清洗、打蜡等维修保养服务，并可以收到价值50元的售后维修服务现金券。

04

第四章　Chapter Four

汽车4S店车展活动策划

第一节　车展活动认知

一、车展的定义及概述

车展，全称为“汽车展览”（Auto show），是由政府机构、专业协会或主流媒体等组织，在专业展馆或会场中心进行的汽车产品展示展销会或汽车行业经贸交易会、博览会等。

车展是对汽车工艺的呈现与汽车产品的广告，如同汽车厂商和当地经销商的公共关系。消费者可经由车展所展示的汽车或汽车相关产品，端详汽车制造工业的发展动向与时代脉搏。汽车厂商则可以通过车展对外宣传产品的设计理念，发布产品信息，了解世界汽车发展方向。

车展包括国际大型车展、地域性车展以及汽车4S店车展。作为汽车4S店，主要参加的是本店所在城市的地域性车展，负责本店车展活动。

车展活动现场截图

二、举办车展的意义

对于消费者而言，车展举办的目的就是方便消费者能集中购买自己心仪的爱车，免去东奔西跑，进出门店，通过车展这个平台能更好地选择与对比，看哪款车更适合自己。

对于经销商而言，车展举办的目的就是能够更好地帮助他们完成销售任务，收集更多意向客户。

第二节　车展活动策划要点

一、选择合适的车展

策划车展活动首先需要选择合适的车展，汽车4S店在平时的经营中，多留意各种车展信息。当然，不是所有的车展都需要去参加，一定是适合本汽车4S店的，合适的才是最好的。汽车4S店管理者在选定适合本汽车4S店的车展类型时需要考虑以下一些问题。

① 这种展会是否能够很好地适用本汽车4S店的营销计划。

② 展会期间本汽车4S店有无其他安排。

③ 展会地点交通是否方便。

④ 参加展会的人员将有多少属于本汽车4S店的目标客户。

⑤ 参加展会的人员有多少是本汽车4S店的现有客户。

⑥ 车展主办方采取了哪些措施来进行宣传。

⑦ 类似的展会以前的成功率是多少。

⑧ 哪些竞争对手已确定参加车展。

策划一点通：

汽车4S店在决定是否参加车展之前，可以通过电话、电子邮件向车展主办方了解情况，如有需要，可以派人亲自到实地进行考察之后再做决定。

二、制定车展营销策略

车展是汽车4S店整体营销运作中的一个强有力的方面，是汽车4S店整个营销计划中的一个重要组成部分，汽车4S店管理者应该制定出短期和长期目标。

汽车4S店管理者在决定参加车展之后，可以根据车展手册来制定营销策略，同时也需要考虑几大类问题，具体如下表所示。

制定车展营销策略应考虑的问题

序号	问题类型	具体问题
1	车展适合营销策略的有哪些地方	（1）想在现有市场内增加现有产品或服务吗 （2）想把现有的产品或服务投入到新的市场中去吗 （3）想把新产品或服务投入到现有市场中去吗 （4）想把新产品或服务投入到新市场中去吗
2	车展要达到什么样的目标	（1）要增加多少销售额或订单 （2）是否需要影响目标客户 （3）是否需要发布新产品及服务
3	汽车4S店想要展出什么	（1）是否需要展示新产品 （2）是否需要展示汽车4S店文化 （3）是否需要展示模拟生产线
4	谁是你的目标顾客	（1）目前客户还需要进一步交流 （2）参加的厂商有多少人 （3）是否有直接的消费者参加
5	展销预算怎样	（1）车展场地需要多少费用 （2）车展展览设计需要多少费用 （3）车展车旅费需要多少 （4）车展需要多少广告、宣传等活动费用

三、选择场地及位置

展销策划中很重要的一部分是需要知道要多大的面积来摆放展品。这就如同先买一块地，然后再在上面建一栋房子。两者的区别仅仅是在车展上所做的一切都是临时的。

1. 计算出展场地

汽车4S店管理者在决定需要多大场地时，应该明确目标，更重要的是考虑预算。一些汽车4S店会首先考虑他们在市场中的规模，然后再相应地租用展会场地。

策划一点通：

展会场地一般以10平方米的倍数出租，最小场所为10米×10米。价格是以平方米计算的。车展场地越大就会越有影响力，相应的价格就会越高。

2. 选择最佳位置

每个汽车4S店都想在展会上得到理想的位置，但是车展各不相同，最佳位置也会因汽车4S店不同而有异。汽车4S店可按下表所示的步骤来选择车展位置。

选择车展位置

序号	步骤	具体说明
1	场地研究指导	位置选在入口的右侧或展销大厅的中央。调查表明，展销大厅右侧和中央最能吸引人群。如果计划参加的车展每年都在同一地点举行，研究一下人群流动的模式，然后选择下一年的场地
2	场地布局决策	汽车4S店在确定场地之前，应与展会管理部门商讨展会的布局，了解哪些地方最具吸引力，行业的领导者位于何方，竞争对手在哪里，然后确定本店位置
3	展厅平面图细究	汽车4S店在查看展览室平面图时，需要使用放大镜，慎重对待平面图上的每一个标记。因为看起来像一粒灰尘的小黑点，可能是一根圆柱，一条横线可能就是很低的天花板。在预订场地前，要对平面图做到心中有数

策划一点通：

在选择位置时，应该远离黑暗、不光亮的地方或死胡同，避免把展台设在厕所附近。

3. 展厅设计

在车展中，一个独特的设计会更加吸引人的注意，汽车4S店展销是为了招揽顾客，以便能够达到营销目的。因此，汽车4S店在进行展厅设计时，需要注意下图所示的事项。

- 事项一：展台的颜色和包装的质量应和汽车4S店的形象互为补充
- 事项二：可以用灯光来强调展出的产品，营造氛围
- 事项三：使用特殊效果来抓住参观者的注意力，如移动的物体、音响、魔术师、机器人、模特、条幅等
- 事项四：图示一定要简明扼要，并且要使用动感词汇，还可以采用汽车4S店的图标来表明身份
- 事项五：桌子放在场地边上，上面可以放小册子或其他资料，就不会在展台与走廊之间制造障碍
- 事项六：使用绢制花草的效果要好于使用真的花草，因为绢制花草可以重复使用

展厅设计应注意的事项

四、签订参展合作协议

汽车4S店要与展会主办方签订协议，以保证双方权益。

五、宣传车展活动

车展管理方只负责向合适的人群宣传展会。但是，参观者在展会上做什么，到哪里去，却不在车展管理方的控制之下。展销商有责任告诉参观者本汽车4S店在展销什么，本汽车4S店展销处又在何方。

据调查显示，76%的参观者都是有备而来的。如果不知道本汽车4S店在展销，那么找到的机会将会十分渺茫，尤其是在大型展会上。所以，宣传展销便成为展销成功的一个重要因素。

1. 制订宣传计划

制订一个高效的宣传计划，需要考虑下图所示的三个基本问题。

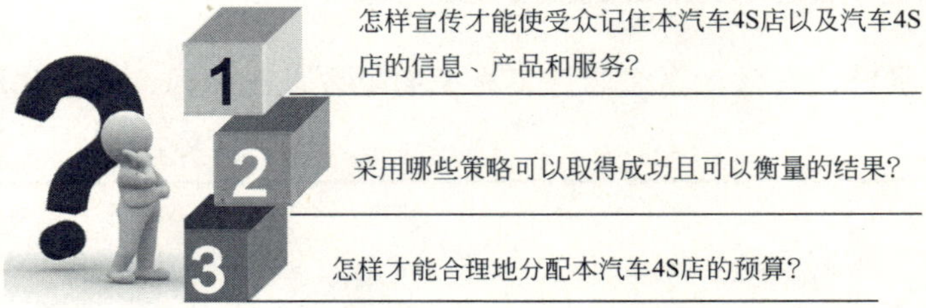

制订计划需考虑的问题

同时，宣传的内容应该包括下图所示的三点。

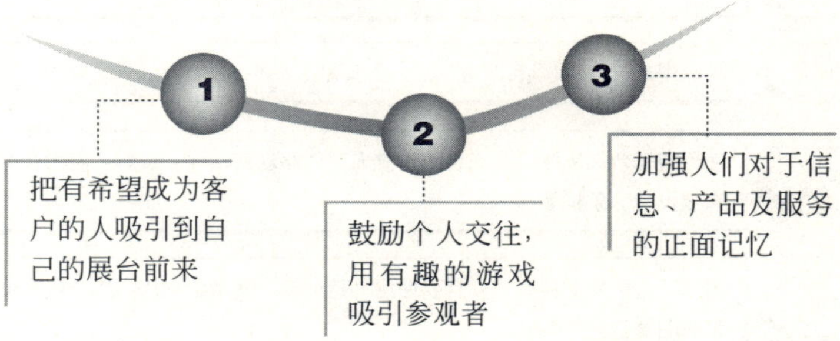

宣传的内容

2. 确定宣传计划

活动非常关键的一部分是在展前、展中和展后进行宣传。大多数展销商都缺乏这三方面的计划。当然，决定哪些宣传活动及这些活动要花多少钱取决于预算。

（1）锁定好宣传目标　展前宣传成功的关键是锁定好目标，即那些真正想走进本店展销处，想获取多一点的信息、想买本店产品的潜在客户。展前成功宣传的形式很多，比较明确的方案是以不同的参观者为目标，如下表所示。

（2）明白参观者的需求　宣传策划成功的关键是明白参观者的需求。参观者参观本汽车4S店展览的第一原因是本汽车4S店的展品中有其所需要的产品。

客户类别及特征

序号	客户类别	特征
1	主要客户	这组客户非常重要，占汽车4S店业务量的大多数，大约是80%
2	其他客户	这组客户购买汽车4S店的产品，但并非只与本汽车4S店有业务上的往来，这就意味着本汽车4S店还有机会争取他们更多的业务
3	有希望成为本店客户	这组人应该列在名单的首要位置。他们购买本汽车4S店的产品只是时间问题
4	其他有希望成为本店客户	如果汽车4S店肯把时间花在这一部分人身上，他们肯定会乐于买本汽车4S店的产品

3. 创造独特风格

当汽车4S店准备去打一场宣传仗的时候，也许想创造出独一无二的风格，能够使本汽车4S店在市场中别具一格。为了设计这样的风格，必须明白以下三个问题。

① 汽车4S店展示的是什么东西，那样迷人、那样热门又是那么的与众不同，以至于人们都蜂拥到本店的展台前来，争着买本店的产品。

② 汽车4S店采取哪些措施使自己强于竞争对手。

③ 汽车4S店对购买者提供的哪些东西有实际价值，如优异的质量保证、快捷运送、低价格等。

4. 使用个性工具

宣传工具是与所希望的参观者之间进行交流的方式。使用宣传工具一定要反映自己的风格及代表汽车4S店的最好形象。

六、配备展销人员

汽车4S店的形象不会止于一个精心设计的摊位、别致的广告或给人印象深刻的宣传品。展销人员对于展销取得成功的作用是不可低估的。所选的展销人员就是汽车4S店的形象大使，态度、形体语言、外表和学识都会有助于加深客户对汽车4S店的积极或消极的看法。

1. 挑选合适的团队

鉴于展销人员所扮演的重要角色，因此在挑选人员时要认真考虑。一般挑选以下几类员工参加车展，如下表所示。

挑选员工类型

序号	类型	具体说明
1	有人缘	一般来说，喜欢和各种各样的人交流，好交际且待人友善，喜欢和别人建立友好关系，是优秀的团队协作者
2	有热情、有朝气	作为汽车4S店的代表，对自己和所代表的汽车4S店持肯定态度，富有激情和热忱，极具感染力，从而有利于销售

序号	类型	具体说明
3	有观察力	在车展上组织的所有活动中，展销人员必须具备能够观察出各种异样之举和非语言行为的能力
4	良好的专业知识	车展不适合新手参加，新员工往往专业能力欠缺
5	善于倾听	交谈中，参观者经常会露出他们有兴趣购买的口风。展销人员需要将100%的注意力集中在参观者身上，巧妙地问一些问题，注意对方回答
6	能体谅他人	能够设身处地为参观者着想，对参观者表示理解、感激，并且想办法及时解决参观者的要求及关心的问题

2. 做好组团参展工作

组团参展就是参加车展的所有成员组成一个团体，这就需要活动负责人做好各项协调工作。

（1）明确参展目的　向全体成员说明汽车4S店参展的目的及汽车4S店想通过此次展会取得的效果。

（2）熟悉展销产品　让展销人员知道计划展销的产品及其服务。

（3）制定个人目标　鼓励展销人员在公司展销总体目标的基础上制定自己的目标。

策划一点通：

制定个人目标，可以使展销人员增强主人翁的责任感，改掉不良习惯，使他们自己的目标更加明确。

（4）掌握演示技巧　汽车4S店要对展销人员进行专业训练，以便能更加有效地进行展会工作。比如，需要知道如何演示展销产品和满足客户需要。不能因为他们是这一行业最优秀的销售人员就想当然地认为也是最好的展销人员。

相关链接 ▶▶▶

展会接待技巧

1. 吸引来宾

欢迎并感谢参观展位的顾客。用微笑、眼神交流及握手等方式营造一种融洽的气氛，从一开始就给对方留下美好印象，再问他们一些问题，用“谁、什么、哪里、什么时候、为什么、如何”等问题开头，然后再转到本店的产品及服务上来，以及本店的产品将给他们带来的若干好处等。

2. 衡量来宾

观察参观者是否真的有兴趣购买本店的产品。继续问他们问题以便弄清楚参观者对本店产品或服务的兴趣如何，可以问问他们是怎样做出决定的（是谁影响他们来购买本店产品的），探问一下他们的购买时间和准备花多少钱。

3. 展示产品

向参观者演示新生产线或为他们提供新技术的应用，千万不要想当然地认为参观者什么都知道。

4. 接待结束

把参观者的有关信息记录在“用户信息卡”上，以便展销会后采取行动。回答参观者的所有问题，然后给他们承诺，这样可以使参观者在本店的后续活动中对本店的产品或服务表现出浓厚的兴趣。

七、制订车展活动计划

汽车4S店在参展策划中，要做好下表所示的车展活动计划。

车展活动计划

车展活动计划

汽车4S店名称：　　　　活动名称：

活动地点：　　　　活动时间：

活动内容（活动构成描述及策略思想）：

促销类型：挖掘潜在客户 □　增加展厅客流 □　达成销售 □　其他 □

参展车型：

车型名称	MT/AT	车型颜色	车型数量

促销目的（本次促销活动想要实现什么）：

预计现场客流量/人		预约潜在客户/人	
预计发放资料数		预计留存信息客户数	
预计现场成交（订单数）		预计试乘试驾人数	
预计有效信息数	A类：	B类：	C类：

活动流程及责任人：

活动流程	流程安排	责任人	联系方式
车展总负责			
试乘试驾			
媒体接待			

活动人员邀约：

邀请人员	职务	联系方式	负责人

潜在客户邀约：

意向客户名称	意向车型	联系方式	负责人

媒体人员邀约：

邀请媒体	邀约人员	职务	联系方式	负责人

氛围营造及预算：

项目	数量	单价	金额	备注

费用小计：

媒体宣传及预算：

发布媒体	发布时间	发布形式	发布内容	发布规格	价格	备注

费用小计：

费用合计：
当前宣传费用剩余：

八、活动现场统筹

1. 场地布置和现场执行

① 首先对布置方案进行周密的推敲，充分考虑现场环境的客观因素，制定合理、安全的布置方案，并制定后备方案。严格督促施工安装人员按照方案及施工规程工作，强调

细节处理，对存在隐患的环节做到万无一失。安装完毕后，把好质量关，做好活动的验收工作，并定人、定时进行检修。

② 在场地布置过程中，与当地气象预报部门保持密切联系，了解在施工期间的天气状况，提前做好防范措施和转移工作。

③ 建立完善、科学的对讲系统，统一划分与配置对讲频道，要求执行人员熟悉沟通协调的流程，不得越级、越部门进行沟通。同时成立现场临时协调部门，专门进行突发紧急事件的沟通与协调工作。

④ 在现场执行过程中，制定周密的活动流程，推敲每个活动细节，强调执行人员严格按照流程工作，强调执行人员的时间观念，并多次进行活动预演，找出问题，及时解决问题。准备备用方案，以应对可能出现的冷场、拖场的情况。

⑤ 活动执行前进行合理分工，按区域进行明确的工作划分，保证每个环节都有专人负责。预备机动人员，随时弥补临时出现空缺的执行岗位。

2. 媒体统筹

① 明确新闻发言人，积极面对媒体，及时向媒体通报调查情况与后续处理情况，与媒体保持联系，用后续处理方式去弥补先前的负面影响。

② 制定统一新闻稿，与媒体进行充分沟通，并及时与媒体上级主管部门进行协调。

3. 演艺活动统筹

① 在演艺活动中，强调演员的纪律性，避免沟通失误，同时要准备预备演员和节目。

② 在表演过程中，要求演员认真对待节目排练，多次进行预演。帮助演员建立良好的心理素质，随时关注演员的身体状况。

③ 在演艺活动中，正确地安装和使用配套设备，定人、定时检查配套设备的启动系统。由工作细心负责的人员来操作设备，预备易损部件和更换工具，随时更换失效部件。

4. 现场音响调节

对音响设备的调试工作必须全面认真，保证在各个位置都不会发生啸叫的情况。

第三节 车展活动策划技巧

一、锁定客户

车展分为三个阶段：展前、展中、展后。在展前阶段，重要的是高意向客户的流失控制以及低意向客户的提前锁定。

汽车4S店可在展前一周进行一场店头活动，将高意向客户提前转化为真正客户，防止持币观望甚至流失至竞品对手的现象发生。同时，通过店头活动邀约到店，提前与低意向客户建立强连接，为车展储存潜在客户。

1. 分组精准群发，铺开展前宣传攻势

汽车4S店可改变原有的邀约方式，分级别、分车型精准锁定目标客户。在展前一周分车型对意向客户推送车辆优惠信息，比如“全新朗逸周末提前价享，××××××元”。

2. O2O集客提前售券、邀约客户到店成交

在精准群发的基础上，再融合售券、到店导航、H5海报展示、微信支付定金等新媒体手段，用客户更频繁使用、更易于接受的新颖方式，提前锁定客户，提高活动邀约到店率。

策划一点通：

汽车4S店还可以在集客页面通过报名人数的展示，营造火爆的氛围。

二、展前促成

展前促成，即高意向客户尽可能在车展前完成转化，建议在车展前一周开展一场配套的展厅活动，提前消化高意向客户。如未能成交的，也可建立连接，防止流失。

（1）使用砍价工具，现场拉客　砍价工具一般用于展前团购活动现场，通过设置一定的利益诱导，刺激现场客户参与并分享砍价活动给好友，完成砍价。其主要功能是利用目标客户群的共性，形成强关系传播网。将到店客户购车意愿在朋友圈的传播下加持，利用客户朋友帮到店客户砍价的“面子、人情”方式，进一步促进客户购车成交。

策划一点通：

汽车4S店可以使用砍价工具，用于展厅活动现场的互动参与，在主持人的引导下，客户会有极强的参与感。

（2）优惠券锁定未成交客户，为车展存客　展厅到店客户若未成交，汽车4S店还可以通过“优惠券”工具直接发放在客户微信卡券中（与客户微信卡包打通，客户微信自动提醒），继续锁定客户，增加再次连接的机会，为车展储存意向客户。

三、展中“吸粉”

展中快速获取有效的客户信息，增加客户在展台的停留时间，为销售创造更多的机会。

（1）开展抽奖活动吸引“粉丝”　展销人员在接待的过程中引导客户参与现场抽奖活动，潜移默化留下客户资料，将低意向客户转给专人引导留存资料。

比如，可利用“天天捡钱”抽奖工具，此工具让用户扫描直接参与，中奖率自主设定，奖品成本可控，客户留档更智能。

（2）开展“摇一摇”活动吸引“粉丝” 汽车4S店可在车展期间上、下午的客流高峰时段开展摇一摇活动，以便吸引更大的客流，增加客户在展台的停留时长。

策划一点通：

“摇一摇”活动开始前，提示客户获奖后需要凭填写的电话号码领奖，这样可增加留资料的准确性。

四、冲刺销量

在保证自己展台客户能够被有效消化的情况下，针对竞品或购买目标不明确的客户，展开拉动攻势，进一步提高客流及线索成交量，具体措施如下图所示。

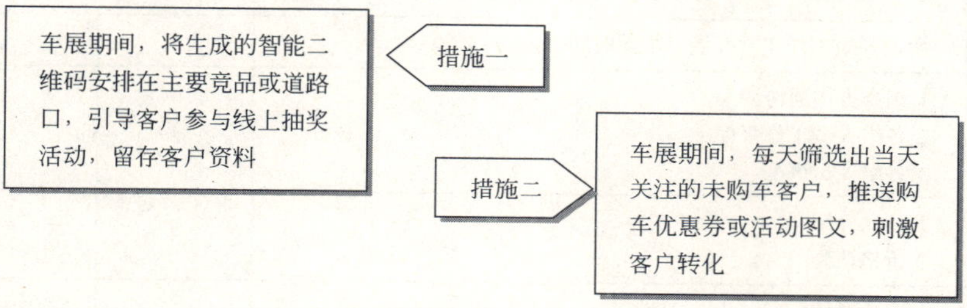

冲刺销量的措施

五、整理资料

对车展所获线索进行清理。基盘线索在展前与展后的对比情况，必须明确掌握；同时，车展期间获取的线索要及时筛选并确定客户意向，制定相关的应对政策；为避免对已订车客户造成影响，展后如果政策调整，需由销售顾问一对一与客户沟通。

第四节　车展活动策划方案

下面提供几份××汽车4S店车展活动方案的范本，仅供参考。

【范本】

××汽车4S店夏季车展活动方案

一、活动背景

（略）

二、活动目的

以销量最大化为主要目的，××汽车上市的宣传为次要目的。

三、活动任务

档次	不及格	第一档	第二档	第三档
数量/辆	≤2	3～5	6～8	>8

任务分解如下。

① 展厅累积交车客户，活动现场交车（1辆以上）。

② 展厅累积意向客户，活动现场定车（2辆以上）。

③ 非预约客户，活动现场定车客户（2辆以上）。

根据上述分解，可以至少确保第一档任务的完成。

四、人员分工

组别	工作职责	人数	责任人	组员
总负责人	协助各组工作正常开展、把握时间节点	1		
联络组	1.组办方沟通协调 2.各组人员工作督促 3.各组人员调配	1		
销售组	1.产品介绍 2.价格谈判	3		
接待组	1.客户邀约 2.销售协助 3.客户登记 4.展区形象维护	2		
车辆组	1.车辆安全运输 2.洗车	3		
宣传组	1.现场DM单页发放 2.人偶服表演 3.现场活动执行	4		
后勤组	1.物资管理与发放 2.物资采购 3.交易支持	1		

五、活动流程

1.前期准备

项目	内容		执行人
客源完成	1.通知所有意向客户车展促销信息 2. 3天的活动中每天邀约5组保有客户前来领取纪念礼品		
物料完成	展场物料	地毯、横幅、拱门、促销政策易拉宝、××汽车上市易拉宝、接待桌椅	
	车辆物料	车贴、车顶立牌、报价单、前后牌、相关表格	
	发布会物料及人员	背景画、桩桶、警戒带、幕布、礼花、主持人、乐队、车模	
培训完成	针对性卖点培训	性价比、后轮驱动、非承载式车身、底盘	
	销售话术讨论	将汽车销售中遇到的难点罗列出来，大家共同制定针对性话术	

2. 车展流程

项目	目的	时间节点	执行组	备注
××月××日				
入场、布展	以最快的时间进入销售状态	12:00以前	销售组 接待组车辆组 宣传组	
午餐时间12:00～13:00				
气氛营造	DM单页发放	13:00～14:00	宣传组	必做
	卡通人偶走秀	14:00～15:00	宣传组	必做
	车展广播宣传	15:00～16:00	宣传组、联络组	选做
	试驾送礼	16:00～17:00	销售组	选做
××月××日				
销售整备	1.展区及车辆卫生 2.当日工作梳理	8:30～9:30	全体人员	
气氛营造	卡通人偶走秀	9:30～11:00	宣传组	必做
	车展广播宣传	11:00～12:00	宣传组	选做
午餐时间12:00～13:00				
发布会准备	揭幕车辆准备并保证安全	13:00～14:00	宣传组	
	礼炮准备			
	背景画安装跟进		沟通组	
	主持人、乐队和车模到位			
	发布会小礼品准备		后勤组	
上市发布会	炒作人气，宣传促销方案	14:00～15:00	流程另起	
气氛营造	卡通人偶走秀	15:00～16:00	宣传组	必做
	试驾送礼	17:00～18:00	销售组	选做
××月××日				
销售整备	1.展区及车辆卫生 2.当日工作梳理	8:30～9:30	全体人员	
气氛营造	卡通人偶走秀	9:30～11:00	宣传组	必做
	车展广播宣传	11:00～12:00	宣传组	选做
午餐时间12:00～13:00				
气氛营造	DM单页发放	13:00～14:00	宣传组	必做
	卡通人偶走秀	14:00～15:00	宣传组	必做
	车展广播宣传	15:00～16:00	宣传组、联络组	选做
	试驾送礼	16:00～17:00	销售组	选做

3.××汽车上市发布会流程

时间：××××年××月××日下午14:00～15:00
地点：车展现场主舞台
物料：小礼品20份、新车幕布1条、纸礼花1对
人员：乐队1组、走秀车模1组

时间	项目	内容	备注
14:00～14:10	热场	乐队表演热场	聚集人气
14:10～14:15	热场	主持人热场，派送小礼品	
14:15～14:20	新车揭幕	新车上市揭幕	领导揭幕同时，放纸礼花
14:20～14:30	模特走秀及产品介绍	主持人产品介绍	模特走秀的同时进行产品介绍
14:30～14:35	红包派送	抓住人气，派送小礼品	
14:35～14:50	促销政策宣读	主持人	
14:50～15:00	乐队表演	开始接受预定	

注：礼品为盖有公章的礼品券，装入红包内。可凭礼品券到××汽车4S店展区换取磨砂杯一个。

六、促销政策及人员激励

（略）

【范本】

××汽车4S店五一车展活动营销方案

一、车展介绍

1.车展概述

（略）

2.参展情况

时间：2018年4月29日～5月2日。

地点：××市体育馆广场。

主题：××××五一车展。

主办单位：××日报报业集团。

主办媒体：××日报、××晚报、××网。

宣传支持：××日报、××晚报、××网、周围各县广播电台、各网络媒体等。

参展对象：各大汽车品牌厂家及经销商。

3.车展展位图

（略）

4.主办方演艺活动支持

（1）超级扭扭车大赛　大车、小车齐上阵，新年伊始，一决高下。通过报纸及新媒体征集小朋友参加超级扭扭车大赛，比车速，赛车技，让车展变成萌娃们欢乐的海洋。

（2）“女神”驾到，“女汉子”注意避让　购车节三天，邀请“女神”前来助阵。不定

时出现在各大展位，与“香车”共舞。

（3）朋友圈驾到，无赞者注意避让　沉迷了微信很多年的“点赞”高手们，证明自己的时候到了。本届汽博会特别增设“全民有奖点赞”环节，只要你的“粉丝”超过500，将拍摄购车节的任意场景发送到朋友圈，收集到的点赞数量超过50个，即有礼品相送。点赞数量排名前三的，可以得到相应价钱的油卡（如收集到500个赞，即送出500元的油卡）。

（4）“自拍狂”驾到，“不晒者”注意避让

① 晒自拍。只要您将自己与家人、朋友和爱车（轿车、卡车、公交车，单车、跑车、扭扭车均可）在一起的创意自拍照发送给“××日报读者俱乐部”官方微信，并与照片中的朋友、家人一同出现在车展现场，就可以获得精美礼品一份。如果获得“十大创意自拍照”还有特别惊喜！

② 晒内饰。晒出自己的个性车内装饰、改装等，并接受微信“粉丝”、网友的投票，排名前100位的朋友，也有机会获奖礼品！

二、参展目标

1. 参展目的

提升××××品牌及车型的知名度，拓展市场，借助车展效应，最大化征集销售线索并转为销售。

2. 参展目标

有效线索征集	订单+销售
220个	36个（辆）

销售顾问任务分解		
销售顾问	线索征集/个	订单+销售/个（辆）
张××	30	5
卢××	30	5
赵××	30	5
谷××	30	5
陈××	30	5
徐××	30	5
周××	20	3
班××	20	3

三、车展落实规划

1. 展前规划

（1）执行思路规划

① 车展政策提前惠享。

② 任务分解与管控，制定内部激励。

③ 现场促销刺激。

④ 车展后续品牌传播，跟进。

（2）广宣规划

① 在车展前期联合各大商家提供的特惠团购车型，为车展现场团购会提前蓄客。

② 前期通过报纸、网站、电视、广播电台、户外灯全媒体宣传团购信息。

（3）人员分工准备

项目	日期	姓名	工作内容
总协调	4月29日～5月2日	×××	对本次车展活动进行总体协调及调度
市场宣传	4月10～28日	×××	负责车展前期线上和线下宣传，督导客户邀约
政策制定	4月29日前	×××	负责车展促销政策制定
物料准备	4月22～28日	×××	负责车展物料、单页、礼品制作和采购
人员培训	4月22～29日	×××	负责对销售顾问进行车展政策、话术、礼仪、车型介绍等培训
展车、工作车准备	4月28～29日	×××	负责展车装饰、清洁、PDI检查、展车临牌办理，工作车、试驾车的准备
现场展车组	4月29日～5月2日	×××、×××、×××、×××、×××、×××、×××、×××	落实车展前期客户邀约、现场解说、现场订车
现场后勤组	4月29日～5月2日	×××	负责现场礼品的发放、客户资料的汇总、现场人员餐饮等
工作车组、试驾车组	4月29日～5月2日	×××	负责现场接送展场客户到店试驾、订车、选车
服务支持	4月29日～5月2日	×××	对于车展期间出现的服务问题进行及时处理，负责撤展的车辆和物料
摄影	4月29日～5月2日	×××	对车展活动期间的物料及重要时刻进行拍照摄影，负责演艺流程

（4）配合车展人员安排

人员数量：8人。

执行主体：销售顾问。

工作时间：8:00～18:00。

工作职责：

① 车展现场物料搬运；

② 车展现场卫生保洁；

③ 车展促销单页发放；

④ 车展现场巡场宣传（手举牌）；

⑤ 客户试乘试驾引领。

（5）车展现场管理细则

① 车展期间，所有工作人员必须提前半个小时到达展位，进行清洁展台和车辆，以及开早会等常规工作，如因相关人员未提前到达而影响车展顺利进行的，则要追究相关人员的责任。

② 车展期间，所有工作人员都要求仪表整洁，统一着装。严禁在展场现场吸烟、讲

脏话或其他不文明举止；严禁相互长时间闲聊；在展会过程中做到不卑不亢，热情微笑。

③ 车展活动现场促销互动期间，组织客户有序参加，维护好礼品或奖品的发放。

④ 车展期间参加试乘试驾的客户，须有工作人员引领其前往，客户必须填写试乘试驾协议后并在工作人员的陪同下进行试乘试驾，试乘试驾完成后应邀请客户填写试乘试驾感受。

⑤ 每日车展结束后，所有现场工作人员必须做好车辆和场地的清洁和整理工作，物料入库（现场临时库房或展柜），同车展主办方安保机构进行交接后方可离开。

⑥ 现场安全方面。对展台安全维护、客户闹事、打架斗殴等突发安全事件的处理要及时。

⑦ 每日车展结束后应即时统计当日各项物料的发放情况，如有缺失，应立即进行补充，确保次日正常发放；同时现场管理负责人员要对当日收集到的客户资料进行汇总，点评当日参展情况，如有问题，即时商议出解决办法，确保次日能顺利开展。

⑧ 每日车展结束后要总结当天的工作，统计当天的销售情况，对不足的方面加以改进，安排次日工作。

2. 展中安排

（1）车展流程安排

阶段	时间规划	项目规划	负责人员
上午	8:00～8:30	工作人员入场/现场保洁（车辆+展具）	全体人员
	8:30～9:00	晨会/活动分工/物料确认	谢××
	9:00～10:00	车辆静态展示/前台到岗	全体人员
	10:00～12:30	车辆静态展示	全体人员
中午	12:30～14:00	午餐	徐××
下午	14:00～15:00	车辆静态展示/前台到岗	全体人员
	15:00～17:30	车辆静态展示	全体人员
	17:30～18:00	工作总结/数据统计/次日工作安排	轩×

（2）演艺促销活动

（略）

（3）竞品信息收集

① 由×××拍照收集竞品信息，包括启辰、长安、比亚迪、宝骏、斯柯达等车型，主要收集价格、促销政策、促销活动。

② 收集的信息当天汇总上报至总经理，夕会时向销售顾问传达，并留底。如有必要，及时调整促销政策。

③ 车展结束后，将竞品信息汇总，提交至××××4S店市场部。

（4）客户信息管理

① 尽可能详细地收集客户信息并归档。

② 车展结束当天对客户进行回访，筛选有效客户。

③ 尽可能邀约客户至4S店试乘试驾，促进成交。

④ 客户信息收集作为销售顾问的重要考核标准。

3. 展后安排

（1）车展收集线索转换

① 所有销售顾问对车展前期和现场收集的信息进行整理。

② 将近期有购买意向的客户的资料整理成回访名单。

③ 针对整理成表格的客户资料，查看战败原因。

④ 召开销售大会，总结原因，制定后期销售目标。

⑤ 鼓励销售顾问再接再厉，利用五一车展的余热，再次创下辉煌。

⑥ 针对销售顾问总结的因素，开会议研究，制定全新的促销政策。

⑦ 促销政策价格应不能低于五一车展，结合售后回访采用赠送礼品为主。

⑧ 应该考虑有些客户没有定购的原因可能是因为时间仓促、了解不够、资金不足等。

（2）车展总结

① 总结本次车展的客户成交量、意向客户邀约量、销售顾问达成目标率。

② 总结本次车展展前和展中存在的问题，对执行不到位的责任人做出批评和处罚。

③ 部署对车展期的留档意向客户继续跟进，解决客户的需求问题，及时做出相应政策调整，达成展后的成交。

④ 做好向厂家的总结申报，费用结算。

（3）车展后续推广

① 车展结束后，在易车网、汽车之家、太平洋汽车网、×× 当地论坛发帖，宣传车展亮点，提升关注。

② 利用自身的微信公众平台，持续发布车展信息。

③ 举办一场试乘试驾团购会，邀约转换车展收集客户。

四、车展费用明细

（略）

【范本】

××汽车4S店××车展策划书

一、活动简介

目前，汽车消费已经成为人们生活的一个重要组成部分，汽车已不仅是一种简单的代步工具，更是一种文化的象征，时尚的载体，我们举办本次车展给予那些想购买车的消费者一种思维导向，能够近距离地品味汽车文化，体验动感生活。新的时尚消费理念正悄然地推动汽车市场发生新的变化。

二、展览的目的

本次活动主要针对那些想要购买车的人群，通过其对各种车型的亲密接触，以使其产生购买的动机与愿望，从而达到本次策划的目的。

三、展览的概述

活动主题：以“××车展”为主题。

活动地点：××休闲广场。

活动时间：2016年11月12日。

四、举办机构

主办单位：××4S店。

协办单位：××市扬名广告传媒有限公司。

媒体支持：××汽车网。

五、会场布置与现场管理

1.会场布置

整个休闲广场周边插上彩旗，彩旗上写着车展的主题，每句主题字体的颜色都不同。观众席上挂上横幅，上面写上主题“××车展”。

2.展台布置

可以按各个公司的要求或能体现该车的性能特色来规划展台布置。

3.舞台布置

搭建一个舞台是为了让参观者时时能感受到活动的浓烈气氛。以各种各样的汽车，最好是概念车为背景。上面写上车展的主题，主题下是活动时间、意义、主办单位、协办单位和承办单位等。舞台左右都放音响，舞台前左角摆活动的奖品。

4.活动流程

开展前一晚：仪式台及音响设备安装到位。

6:00　清洁打扫。

6:20　全面保安工作。

6:30　各参展汽车等设备到场，并开始摆放工作。

7:20　参展设备摆放完毕。

7:30　（播放音乐）礼仪人员请嘉宾、记者到主会场。

7:50　参加开幕仪式人员全部到位。

8:00　主持人宣布开幕仪式开始，介绍来场嘉宾，以及主办方、协办方和赞助单位。

8:10　（音乐停止）请供应商代表讲话。

8:20　请××资讯负责人讲话。

8:30　开幕式结束，车展活动正式开始。

8:35　开始舞台表演，车模亮相，T台走秀。目的：吸引群众注意力，聚集人气。

9:00　表演结束。

9:05　现场互动，有奖问答。

10:00　汽车驾驶及保养知识宣传，邀请专业人士为大众宣传和解答有关汽车驾驶、保养中的知识，同时分发一些“汽车驾驶保养小知识”传单、“汽车知识问答”卡片。目的：活跃展览会场气氛，增加参展厂商与大众的互动性，提高参观人群的积极性，聚集展会人气。

10:30　汽车试驾活动开始。

12:00　当天车展结束，检查清理现场。

5. 活动分工安排

（1）秘书部　负责活动总体进展，确定嘉宾名单。人员配置：2人。

（2）策划部　协调现场各工序间的工作。人员配置：2人。

（3）组织部　负责购买活动所需材料及用品，活动结束后清理会场。人员配置：2人。

（4）宣传部　负责宣传，联系司仪、新闻媒体等。人员配置：2人。

（5）公关部　负责嘉宾签到，发放资料，为嘉宾佩戴贵宾花，引导车辆停放，活动结束后，负责送客。人员配置：2人。

（6）保安部　会场警戒工作，协助企划部的会场布置工作。人员配置：2人。

六、备案：

1. 宣传和条幅

拉赞助商，并筹备海报（由赞助商提供）。在覆盖地段及居民区散发。

2. 咨询柜台

放一个咨询柜台，用来登记意向者的名单和联系方式。

3. 舞台表演

① 车模表演。

② 表演人员可以是外请的表演团。

③ 由专业的车友进行驾驶表演，也可请在场观众进行汽车试驾。

④ 主持人对汽车文化必定要有所了解，能够带动整个会展的气氛。

05
第五章 | Chapter Five

汽车4S店巡展活动策划

第一节 巡展活动认知

一、巡展的定义

巡展是指通过深入目标市场，开展现场宣传，达到广告促销效果的一种宣传活动。它具有针对性强、精细化、覆盖广、信息到达率高等优点。

二、巡展的类别

巡展主要包括三种：一是总部策划巡展；二是大区策划巡展；三是汽车4S店自行策划巡展。

汽车巡展活动现场截图

三、巡展的目的

通过持续的活动达到迅速提升品牌在当地市场的知名度、认知度，最终提高口碑，促进销售。

四、巡展活动的组成

巡展活动的组成如下图所示。

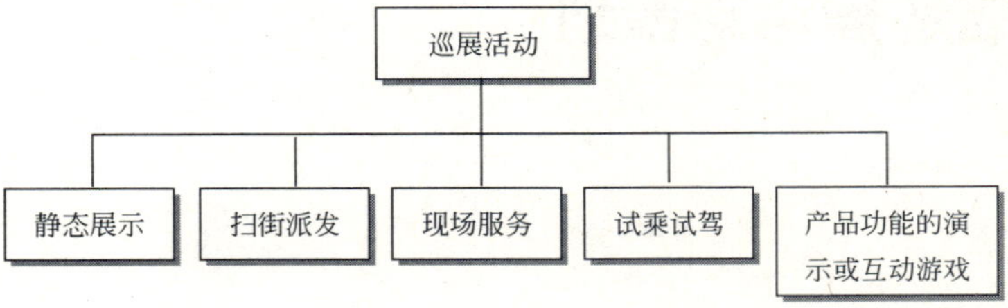

巡展活动的组成

五、巡展的标准

汽车4S店根据当地实际市场情况选择巡展形式，如下图所示。

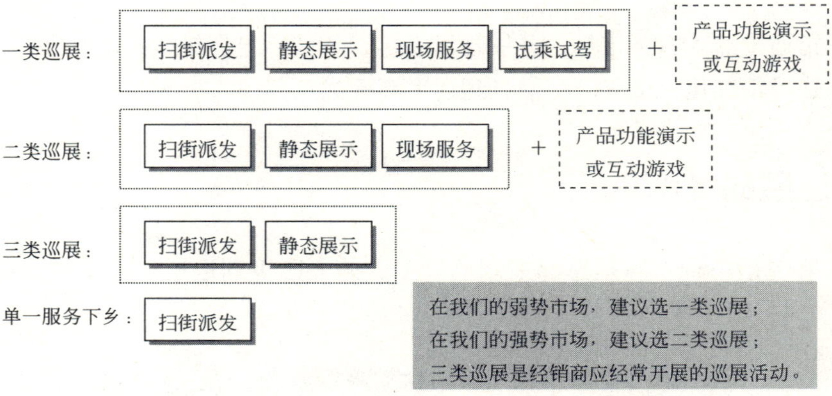

巡展形式

必做项目；选做项目

第二节　巡展活动策划要点

一、巡展目标策划

巡展是一个持续性、系统性的市场活动，活动前商家要进行SWOT（态势）分析，并根据分析结果制定自己巡展的目标，规划巡展的地点，并排出执行计划。执行计划以月为单位编排，明确目标。

比如，××4S店对某次巡展的目标策划如下。

① 收集30个潜在客户和竞品用户的真实、有效资料。

② 完成20份市场调研有效问卷。

③ 巡展现场达成销售1辆。

④ 巡展中完成20位竞品用户的接待。

⑤ 长期目标（需定期举行）：当地市场占有率提升1%。

⑥ 展厅日平均来店人数增加3人或来电增加5次。

二、巡展时间拟订

如果是总部或大区巡展，那么就不用考虑巡展时间。如果是汽车4S店自行策划巡展，则要考虑时间拟订。

汽车4S店自行策划巡展，可以考虑和其他促销活动同时进行，或定期举行，或配合总公司的宣传活动进行，但不宜过于频繁。

策划一点通：

天气因素也应重点考虑，雨雪天气、天气炎热或寒冷等会降低巡展宣传效果。

三、巡展车型挑选

① 有新品推出或对某产品进行大力促销时，总部会对各区域的巡展车型做出要求。

② 在没有新品推出或针对某产品进行大力促销时，则可以针对目标市场竞争对手销量好的车型挑选出相应车型开展巡展。

③ 总部市场网络部将于每季度分析出重点巡展市场应对车型，并发放到各销售服务大区。

四、巡展路线制定

路线和时间安排应尽量合理，用较少的路线走尽量多的地方。制定路线者对当地的路线等情况必须熟悉，尽量选择在当地赶集、节日等人气较旺的日期。

五、巡展场地选择

在选择场地的时候应该尽量考虑可以进行试乘试驾和产品功能展示的地方。场地选择一般为各类批发市场、集贸市场、建材市场、商铺集中处、城郊结合的营运站点等。

1. 基本要求

汽车4S店在活动前3周确定场地及签订场地合同，连同场地照片及合同复印件，提交给总部项目组人员，方便总部安排活动档期。

一般在展具搭建前一天到达活动城市，汽车4S店负责场地联系的人员配合总部工作人员到活动现场定制好位置，并确定与场地方沟通好进场事宜，尽量减少展具搭建拖延，减少搭建成本。

场地大小根据总部要求，一般最小整套展厅占地面积200平方米（20米长×10米宽×5.8米高），因此场地方所提供的场地使用尺寸须在23米长×13米宽以上，即展厅四周留有3米宽的通道。

策划一点通：

场地选择，建议选择市中心比较繁华及人流比较集中的大型广场，来确保巡展效果。展具搭建场地，应选择远离空旷及招风的地方，减少风对展具造成的影响。

2. 安全要求

① 汽车4S店要与场地方沟通，将膨胀螺栓打入地面，并用焊接技术，使螺栓与展具连接。

② 如场地方不允许进行地面焊接技术，则在展具四个边角寻找固定的建筑物，用直径不少于1.5厘米的麻绳或尼龙绳进行与固定建筑物的连接。

3. 入场及撤场时间

展具搭建时间为当地举行巡展活动的前两天，汽车4S店提前与场地方落实搭建时间问题。展具拆卸时间需要10～15小时，汽车4S店与场地方沟通及落实。

4. 地面要求

展厅场地地面必须平整，保证场地顺利搭建。

六、巡展人员培训

好的方案需要良好的执行，培训有利于执行，通过培训让活动人员明确各自的工作职责和工作内容，明确活动目的有利于提高活动效果。培训重点包括以下内容。

① 活动地点市场分析。

② 活动目的、策略，针对性的策略。

③ 活动流程。

④ 工作内容、分工与职责。

⑤ 针对巡展地区用户特征，有目的地进行销售话术讨论和提炼。

⑥ 所用人员都参加培训（包括服务）。

⑦ 巡展前3天完成培训。

七、巡展物料准备

物料在活动现场的应用可以增加活动的气氛，积累更多的人气。对物料要求更加规范。在物料准备阶段应该注意以下问题。

① 列出物料清单，检查各种物料的制作与到位状况。

② 分配专人负责。

③ 考虑摆放和悬挂的难度并提前采取应对措施。

④ 活动所需物料必须保证规范、整洁。

⑤ 按时间节点检查物料准备进度。

八、活动客户邀约

邀约客户参加，可以增加现场的人气，扩大巡展的活动效果。客户邀约的对象为老客户、潜在客户、竞品客户。

1. 邀约方式

对于老客户，通过展厅信息人员以电话、短信或微信的方式执行；对于潜在和竞品客户，通过销售顾问在扫街的时候邀请。

2. 注意事项

客户邀约注意事项如下图所示。

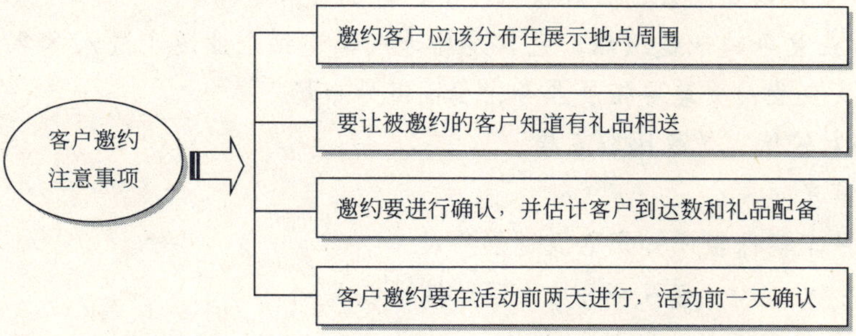

客户邀约注意事项

九、巡展信息发布

① 有条件的参展商可以在巡展前对活动进行线上宣传，比如报纸、软文和广播等活动信息告知。

② 微信公众平台信息发布、微博推广。

③ 活动前一天进行活动邀约，有条件的可提前对活动区域进行扫街宣传。

④ 活动前两天，短信通知当地客户。

第三节　巡展活动策划方案

下面提供几个巡展方案的范本，仅供参考。

【范本】

××汽车4S店小区巡展方案

一、活动概述

小区巡展是一种最直接、最有效的营销方式之一，计划于××××年6～8月期间，选择性地做巡回展览。通过该活动，直接与消费者建立沟通桥梁，开发市场潜力，提升××地区的市场影响力。

二、巡展活动目的

××汽车保有量越来越大，汽车已经逐渐成为了××老百姓的普遍交通工具之一。因此，在小区做巡回展览，可以让××的服务项目及特点很直接地在消费者面前做展示，并且通过免费评估这样的“亲民活动”，直接拉近与消费者的距离，从而更有效地促成业务，尤其是车辆收购量，为旺季市场准备充分的车源。××市小区巡展方案实施几大理由如下。

① ××市是××发展战略中的首要地区，需要充分开发，建立稳固的基地。

② ××市人口数量庞大，百姓收入较高，车辆普及率高。

③ 汽车行业竞争越来越激烈，尤其是外地汽车连锁企业逐步进入××市场，××作为本土行业龙头企业，更需要拓展业务，稳固基地市场。

④ 费用相对较低，效果比较直接。

三、参展信息

活动主题：车辆保值率知识普及巡展。

活动时间：××××年6～8月（间歇性巡展）。

活动地点：××市中心重点小区。

参展展位：户外展位。

活动对象：××市消费者、意向客户。

活动形式：免费评估、车辆展销、客户关怀。

四、小区巡展期间销量目标

小区巡展期间销量目标如下表所示。

小区巡展期间销量目标

项目	收购客户	销售客户
客户资料（登记信息）/个	200	50
成交量/辆	20	5

五、促销内容

1. 免费评估，好礼大派送

任何客户只要登记后即可获得一份免费的纪念礼品。

2. 买车到××，惊喜享不断

小区巡展活动期间，在活动现场直接成交的客户，即可免费获得价值2000元的大礼包1份。

3. 买车就送车，惊艳享不停

① 活动期间现场购买任何参展车辆，就可以获得“××自行车”1辆。

② 购买30万元以上参展车者，还可同时获得价值1000元的大礼包1份。

③ 置换车辆，即获“三重大礼”。在活动期间，现场成功购车者，即可获得第一重大礼，汽车导航仪一台；第二重大礼，价值1000元的大礼包1份（连锁酒店、KTV、餐饮等消费券）；第三重大礼，××限量版礼品1份。

六、参展活动要点策略

1. 如何集客

短信广告客户邀约，DM单页宣传。集客主要分为前期和巡展期间两个阶段。前期为密集短信及DM单页攻势。巡展期间展会现场“××DM单”派发全面覆盖参展小区。

2. 如何留下有效客户信息

免费评估车辆，免费赠送礼品。

3. 如何进行促销氛围营造

现场各类大力度的促销活动。

七、活动现场

1. 派发DM单

让每个路过小区巡展区的客户都收到来自××4S店的信息宣传资料。

2. 礼品赠送

对观展、咨询、订单客户差异性派发礼品，吸引消费者留下真实的个人买车信息。

八、活动前期管控及执行

1. 工作分配

工作分配事项如下表所示。

工作分配事项

负责项目	工作内容	负责人
车展方案培训	产品知识、促订技能、活动流程的培训，邀约话术和礼仪培训，怎样快速识别意向客户和把握客户的意向程度（有经验的销售顾问讲解）	
产品知识强化及车展促订技巧，每款车型5分钟精妙话术	加强产品卖点的培训，同时加强车展快速签单的培训	
车展物料准备	所有物料的准备都充分	
广告宣传计划与实施	各媒体的广告内容及宣传要点的制定与实施	
广告制作物料	广告公司进行制作和验收管控	
展具协助搭建	协助车展展具的搭建工作	

续表

负责项目	工作内容	负责人
工作餐准备	统计工作人员人数	
现场展示	（1）负责资料的准备及现场派发 （2）客户的招揽和接待 （3）车辆的介绍及洽谈 （4）展车清洁 （5）车辆的评估	
交接管控	值班结束后务必把展场所有商品车钥匙交接到业务部经理处	
车展现场管控	（1）现场统筹协调安排 （2）现场工作职责分配 （3）现场工作流程的安排 （4）处理突发情况	
展车准备	（1）驾驶车辆 （2）负责车辆的安全和维护	
DM单人员	负责在小区信箱内发放DM单	
服务台接待	负责留有客户登记，发放礼品和资料等	

2.现场互动流程

现场互动流程如下表所示。

现场互动流程

负责人	现场执行流程	相关文件或表单	工作内容描述
销售顾问	接待客户	产品宣传资料及名片工具	招揽来展客户，向潜在客户介绍车辆详细信息及车展活动内容
收购人员	引导客户至接待区	评估表	登记客户基本资料及详细车辆信息
后勤人员	发放礼品	礼品发放登记表	后勤人员详细登记礼品发放数目并请客户签字

九、参展时间安排

参展时间安排如下表所示。

参展时间安排

活动时间	事项内容
第一天上午	物料准备
第一天下午	单页的发放、现场布置
第二天上午	现场的宣传
第二天下午	现场的宣传、撤展

十、物料清单与费用

（略）

备注：每次巡展所有物料都需由参展人员管理到位，每次结束展览后必须收好，放到后备厢，以便下次使用。

【范本】

××汽车4S店夏季巡展方案

一、活动对象

××各小区购买汽车的准客户。

二、活动时间

2018年6月15日。

三、活动地点

孔繁森纪念馆→开发区振华购物→凤凰新城。

四、活动目的

① 展示××××形象、提升文化品位、丰富群众生活、引领时尚消费、促进品牌宣传。

② 收集更多的意向客户信息。

③ 为××××在销售淡季打造一片新的天地。

五、活动形式

1. 活动前期

在××各个街道，销售顾问向路人发放宣传广告。

2. 活动期间

销售顾问向客户递交宣传单张，推荐介绍产品、邀约试驾等，并赠送每位客户价值500元的精品礼券一张，以达成现场订购或索取客户信息的形式进行。

六、广告诉求

清凉夏日，爱车就在您身边，豪送"一万元"精品礼包。

媒体广告说明：告知本次巡展活动的地点和时间。

七、促销政策

① 来到展区加微信，就有抽奖机会（竹炭包、小香水、抱枕）。

② 咨询就有500元礼包赠送（购车时可做抵用券）。

③ 留信息试驾的在500元礼包的基础上加送足球。

④ 订车客户当晚可享受10000元礼包大奖，过时不候。

八、现场活动流程

时间	项目	内容
15:30 ～ 17:00	准备工作	车辆到达，场地布置准备
17:00 ～ 18:00	移动宣传	移动广告宣传，造势，绕主城循环
18:00 ～ 19:30	静态展示	现场游戏互动，派发宣传单张，详细介绍各款车型，同时邀约或试驾，并对客户留档，对试驾和留档客户赠送小礼物
19:30 ～ 21:00	过渡时间	现场派发宣传单张，详细介绍各款车型，员工和有关人员晚餐
21:00后	活动结束	收拾场地

九、物料准备

（略）

十、活动要求

① 凡参与活动的有关人员，必须服装整洁，统一白色T恤加××××工牌。

② 活动期间注意个人言行举止，接待客户需以礼相待。

③ 积极配合活动，积极向客户派发宣传单张，介绍产品，收集顾客档案，不得出现坐在展位上见到顾客不理不睬的行为，活动期间销售顾问个人当天收集顾客留档数达十名以上奖励200元，不达标者负激励100元。

④ 活动期间听从指挥，配合工作，凡出现以上违反行为，给予负激励100元。

【范本】

××4S店巡展活动方案

一、活动背景与目的

1. 活动背景分析

① 当今社会，汽车对人们来说不仅仅是一种代步工具，而是一种时尚的象征，文化的载体。

② 集人气，是实现销售的基础，从聚集的人群中准确地搜寻到目标客户，然后进行一对一的服务才是实现销售的根本。

③ 购买者对于求购的物品需要引起其购买意识和动机，通过小区车展及销售顾问与潜在购买客户直接接触，主动激发其购买意识和动机。

2. 活动目的

① 与小区业主的直接接触。

② 受车展影响，直接、间接地提高知名度。

③ 通过车展前分析和活动后总结，使我们更好地了解各小区消费人群，利于今后市场推广的准确度。

④ 提高进店量，最终达到提高销量的目的（每次活动后，能增加来店批次3～4批，订单完成一批）。

二、活动概述

活动主题/名称：我们楼下的车展——斯柯达伴您清凉一夏。

活动时间：2017年7月。

活动地点：各小区、厂矿。

活动内容/形式：静态展示、派发单张、邀请试驾、赠送礼品。

车型：昊锐、明锐、晶锐。

活动亮点："互动性、亲情化、精准性"。

三、活动流程设计

1. 活动流程

活动前两周：场地确认→展位确定→整体协调→物料准备→人员准备→最终确认→现场布置→现场管控→反馈总结。

2. 活动特色

以“小区车展”为基点，以“互动性、亲情化、精准性”为核心，加强斯柯达和小区住户及周边楼盘居民的消费互动，从而实现最具性价比和时尚品牌消费相结合，树立针对性极强的消费匹配及实效销售的品牌车展形象。

3. 活动内容

项目1：静态展示。

项目2：亲身试驾。

项目3：专业导购和汽车知识交流。

项目4；礼品派发。

项目5：冠军车型及销售精英推荐。

4. 活动详细内容

① 活动对象

a. 首次购车及二次升级换车人士。

b. 名车爱好者，汽车消费者。

c. 拥有中高级私家车的自驾游爱好者。

② 活动目标。通过本次活动，加强与消费群的良性沟通和互动，以争取受众的生活群体及潜在消费力。

③ 通过本次活动，加强与目标消费群的理念沟通和情感联系，增强目标消费群及生活群体对品牌汽车认知，并对潜在市场进一步施加品牌影响。

④ 最终创建“斯柯达”汽车小区（厂矿）展演特有的营销模式和商业主题。

5. 活动亮点

（1）经销商和消费者之间的互动

① 价格上的让利促销。

② 现场派发印有标志或图案的小纪念品。

③ 专业选车顾问现场回答消费者提出的问题。

④ 免费保养维护汽车、使用经验交流、省油方法等。

（2）益处

① 可通过小区（厂矿）这个平台以派发小纪念品的形式来扩大自己的影响力和知名度，提升文化生活品质，建立汽车展示、体验、交流平台，拉动汽车消费需求，增进小区及周边楼盘的汽车文化氛围。

② 来观展的群众（潜在消费群）能不消费就可免费获得纪念品，获取汽车方面的相关知识。真正做到“重在参与”，来就有礼、来就受益，以吸引更多的受众前来观展。

四、活动物料设计

（略）

五、活动宣传计划

1. 前期

宣传方式	负责人	完成时间	备注
电话邀约	×××	活动前一天	
短信发送	×××	活动前三天	
微信公众平台发送	×××	活动前三天	
条幅宣传	×××	活动前三天	
小区广告宣传	×××	活动前一周	
社区信箱单页投递	×××	活动前一周	

2. 活动人员安排

工作项目	职责	负责人	备注
物料制作	负责广宣物料制作	×××	提前一周到位
场景布置	负责活动场景布置	×××	
试乘试驾	负责试乘试驾	×××	
汽车导购	负责引导顾客进行购买	销售部	
贷款咨询	回答顾客的贷款疑问	×××	可以电话进行答疑
汽车检修	现场解答保有客户的技术疑问	服务部	视活动情况参加

六、活动预算

（略）

七、集客计划

（略）

06
第六章 | Chapter Six

汽车4S店厂家活动策划

第一节 厂家活动认知

一、何谓厂家活动

作为厂家在某个区域的代表，汽车4S店需要配合厂家进行相关活动推广，如新车上市、假日促销、品牌车友活动组织等。总之，汽车4S店是本品牌在该地的代表，必须起到“代言”作用。

二、汽车4S店与厂家活动的关系

汽车4S店在提升汽车品牌、汽车厂家形象上的优势是显而易见的。因此，如果厂家有活动，汽车4S店必须做好相关配合工作，塑造品牌形象。

第二节 新车上市推广活动策划

开展新车上市活动，可以增加新车型，扩充产品线，获得更多销售量；增加更多潜在客户，获得更多销售机会；提升老客户及潜在客户的关注度；扩大品牌、产品、汽车4S店的市场影响力；吸引竞争对手的客户，牵制、甚至控制竞争对手。

北京现代新车上市宣传海报截图

一、前期准备工作

汽车4S店在新车上市前一个月内，需要做好前期准备工作，如下图所示。

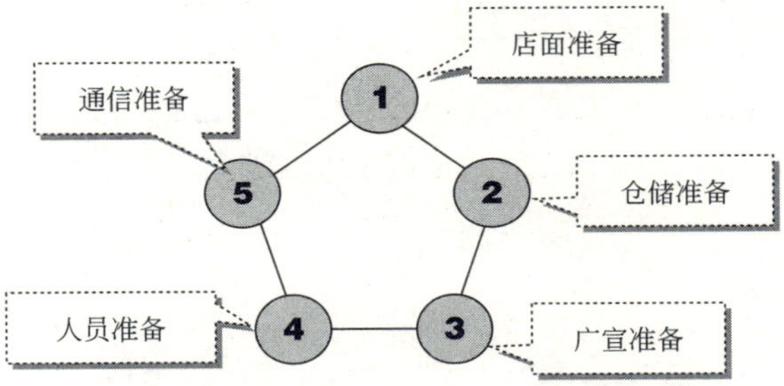

前期准备工作

1. 店面准备

① 新车型上市前一个月，厂家未发布相关宣传物料制作与展厅布置的通知之前，汽车4S店可自己制作海报、易拉宝、店头横幅等，预先宣传。

② 做好店内新车型主展厅和门头的布置准备，并保证展厅内大客流量的参观空间。

③ 根据厂家下发的关于物料制作的标准、宣传物料标准板式的通知，在规定的时间内安排好相关物料的制作。

④ 根据厂家下发的关于店面布置标准的通知做好店面布置，在规定的时间内将布置好的店面、照片反馈至销售部督导处、区域经理和品牌部负责人。

2. 仓储准备

仓储准备包括新车型库房准备，以及仓库空间和货架准备：备件、精品、广宣物料。

3. 广宣准备

提前一个月规划新车型上市的推广活动方案，至少每周一次，把握促销时机。厂家宣传物料准备，由品牌部提供制作文件后进行制作。汽车4S店准备专用物料，如汽车4S店专用车贴、铭牌等物料制作，为各类宣传活动（如巡展、移动4S）做准备等。

4. 人员准备

在新车型即将上市之前，开新车型动员会，以激励人员提前进入新车型上市前期准备状态，积极应对新车型上市。

（1）人员分组　如果汽车4S店的人员结构较复杂，可以进行分组，建立新产品经理，以促销售。如果汽车4S店人员较少，无法分组，可以采用下图所示的方式促销新车型。

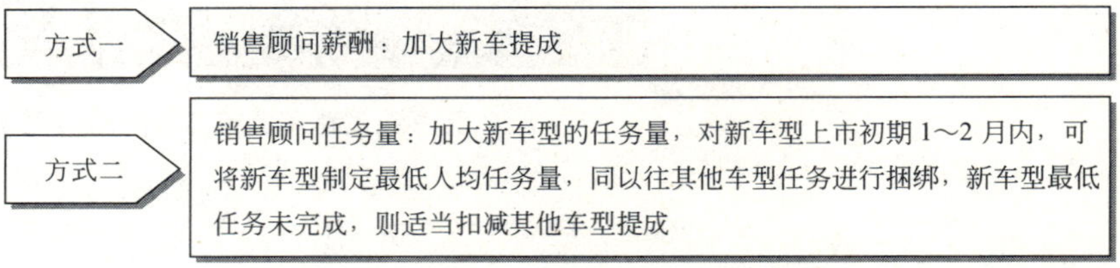

方式三	捆绑型销售：每月销售顾问需卖到规定的新车型数量，才可以拿到所卖车型的提成
方式四	鼓励单个销售顾问积极主动地卖新车型

新车型促销方式

（2）激励体制准备　制定新产品上市期间人员激励体制。

（3）销售类培训　销售顾问参加培训部组织的新产品知识、话术、竞品等相关培训。

5. 通信准备

① 新车型上市前一个月，通过短信或者电话通知意向和保有客户关于新车型上市的相关信息。

② 确保足够、专业的互联网客户服务人员、电话销售顾问到位，并制定新车型上市相关工作人员的工作规范和制度，要求所有客户服务人员、销售顾问保持手机24小时开机。

③ 进行工作宣导，明确互联网客户服务人员、电话销售顾问的职责分工，并对其进行客户服务礼仪和电话洽谈技巧的培训。

④ 确保足够、高质量的通信设施准备到位。

a. 建议安装智能销售热线电话，一部电话同时设定几条分线，为避免占线，该电话只允许接听，不允许拨打。销售热线设定转接功能，如果客户下班期间打入销售热线，可直接转接到指定客服人员的手机上。

b. 建议购置安装互联网呼叫中心软件，该软件功效在于：客户拨打该咨询电话之后，便会有电话语音提示，该软件自动将拨入的电话显示到互联网上，指定专职工作人员针对显示到互联网上的电话进行回访。

c. 建议购置安装中继线，该电话线路可以容纳8个电话同时拨打进来，指定专职工作人员分别接听电话。

二、预热期工作

新车型上市前15天，为预热期。汽车4S店要做好预热期工作。

1. 广宣预热

海量广告宣传能够扩大上市氛围，吸引更多客户的目光，提高品牌知名度，最终实现销量提升。厂家通过大型媒体来发布信息、给新车型做广告是让消费者购买新车型，而汽车4S店要让消费者知道去哪里购买新车型。

（1）硬广宣传　效果最明显的宣传方式，每周一次，可以加强宣传力度。

（2）软文宣传　由公关部提供宣传软文后大力宣传。

（3）活动宣传

① 前期通过举办活动提高汽车4S店出售新车型的宣传，例如“价格预猜”。

② 增加提醒。任何巡游、巡展、移动4S、商超展示等外拓活动现场，添加新车即将上市的预热信息。

③ 配合厂家在上市日起将相关户外信息更改为新产品画面。

2. 人员预热

充分消化厂家的销售类、售后技术类、服务类培训，并通过相应的考核。强化销售顾问新车型的产品知识、话术、竞品等相关培训，为后期客户的询问做好充分准备。

三、上市前期相关工作

新车型上市前一周内，汽车4S店要做好相关准备工作。

1. 上市活动前期准备

（1）上市日期的选择　如果当地有车展，最好是在车展上市，可以增强宣传效果；如果有重要节假日，可选择在节假日上市，以增强宣传效果。

（2）上市的前期准备　上市的前期准备工作如下表所示。

上市的前期准备工作

项目	执行要求	责任人
媒体邀约	邀请当地媒体（包括平面、电视、电台、网络）负责新闻的栏目负责人，确保发稿质量	汽车4S店总经理或策划人员
嘉宾邀请	邀请当地重要人士及行业领导，增加影响力	汽车4S店总经理
新闻通稿	在活动一周前准备好	公关部写作组提供
消息发布，意向客户、保有客户邀约	销售顾问各自通过短信、电话、当面等形式，邀约各自负责的订车客户、老客户和意向客户	各销售顾问
上市地点	选择当地商业圈大型商场或汽车4S店，并邀请媒体到场	汽车4S店品牌经理
活动现场布置	包括物料准备（如横幅、背景、舞台、音像、媒体、座位等）	汽车4S店品牌经理
活动后勤车辆	媒体接送车辆以及后勤车辆	汽车4S店品牌经理或专人
主持人准备	邀请电台、电视台或专业主持人	汽车4S店品牌经理
发言车主	邀约形象好、有代表性、忠实等待交车的车主	汽车4S店品牌经理
媒体发言代表	如果设有媒体提问或者发言环节，尽量事前安排关系好、语言能力强、对本品牌较了解的媒体记者	汽车4S店品牌经理
休息室的布置	嘉宾、记者休息处（包括矿泉水、茶水、服务生）	汽车4S店品牌经理

注：1.整个活动穿插趣味节目和互动活动以吸引人气。
2.专人负责安排好媒体现场座位，做好媒体接待工作。
3.销售顾问到位安排活动场外试驾活动，发放产品数据，接待看车客户。
4.现场拍摄照片。
5.应对突访记者（送精美礼品/企业资料）。

2. 车辆准备

车辆的PDI检查，展厅的车辆需保持清洁，并按店面要求布置展车，准备试乘试驾车辆并进行PDI检查。

3. 现场准备

（1）活动场地选择　根据新车型的特色营造适合的氛围。活动场地需要经过实地勘测后方能确定，活动前5天开始着手准备搭建工作。

（2）活动物料明细　活动物料明细如下表所示。

活动物料明细

序号	活动物料	具体说明
1	上市用车	一辆用于静态展示，两辆用于媒体试驾
2	舞台搭建	背景板、X展架、休息椅、迎宾指示牌、签到用品、灯光、音响
3	宣传材料	数量根据当地媒体情况而定
4	后勤物料	酒水、饮料、水果、点心、纸巾、服装
5	礼品	建议采用厂家精品部制作的印有厂家Logo的礼品

（3）活动媒体邀请　邀约媒体主要为当地主流平面媒体，当地电视台社会新闻类节目和汽车类节目。以新浪、搜狐、汽车之家等全国性网站为主。邀约媒体时应注意下图所示的事项。

事项一　要让被邀约的人员知道流程安排

事项二　邀约要进行确认，并让邀约人员知道有礼品奉送。主办方要预估人员，准备数量相当的礼品

事项三　邀约通过发邀请函和电话进行确认，活动前发短信最终确认活动时间和地点

邀约媒体的注意事项

（4）活动前期培训　活动前期应对所有参与的工作人员进行培训，培训内容以工作流程、分工、职责以及服务规范为重点，同时针对新车型上市的相关话术进行培训。

（5）活动信息发布　厂家配合公关部，活动前一周向媒体发邀请函，并进行电话邀约。前三天请相关媒体进行预热宣传，并在上市活动结束后进行集中报道。

策划一点通：

有条件的汽车4S店也可以在巡展前对活动进行线上宣传，比如通过报纸、软文和广播等活动信息告知。

4. 物料准备

① 精品准备：提前准备充裕精品为销售带来更多利润。

② 备件准备：常用件和易损件备齐，检查备件的状态，新车型备件货架设置的熟悉。

③ 设备准备：预留新车型维修工位，保证所需设备与工具的正常运转与使用，设备与工具的全面检修。

④ 新车准备：保证销售车辆、巡展车辆和宣传车辆的供给。

⑤ 上市现场需要准备的物料如下表所示。

上市现场需要准备的物料

序号	名称	序号	名称
1	地毯	13	交车用钥匙
2	模特服装	14	胸花
3	礼炮	15	刀旗
4	音响	16	横幅
5	易拉宝	17	互动小礼品
6	背景板喷绘	18	气球
7	舞台搭建	19	上市现场横幅
8	交车车主红花	20	店面横幅
9	签到册	21	发布会现场媒体座椅
10	签到笔	22	揭幕用幕布
11	礼仪用品	23	企业资料袋
12	新品资料	24	礼品

5. 集客准备

通过电话、短信、微信、直接邮件、横幅等方式，把新产品即将上市的消息发布给老客户、前期来店（来电）登记用户及本区域内的潜在目标客户群体，并邀约他们上市后来店参观及试乘试驾，新车型上市前1～2天确定要来客户名单。采用包含且不限于如下一切可用手段做到最大化的告知为原则。

① 电话告知——必做。

② 区域短信通告——必做（可联系电信局）。

③ 汽车4S店在当地主流网络论坛进行发帖及跟帖或者发软文，此项工作的监控由区域经理及网络组来负责。

④ 直接邮件。

6. 库存建立

① 在上市前一周必须准备充分的车源，以满足客户需求。

② 如果是新车型还需准备充足的精品、备件；如果是改款车，则可以准备少量的精品、备件。

7. 人员准备

① 上市前一周，调集所有人员，确保上市当天人力最优分配。上市前一天开动员会，布置工作，调动好全体人员的积极性，并做好明确的人员分工。

② 提前准备好主持人现场串词，并要求进行彩排，以确保上市当日不出错及有效地煽动现场氛围。

③ 销售顾问复习新车型的产品知识、话术、竞品等相关资料，重点培训订单的收集技巧。

④ 建立危机管控小组，防止竞品、媒体、客户等突发事件。

8. 动员会

在上市前一天，由区域经理组织汽车4S店所有人员召开动员会，为第二天上市活动做好准备工作和做战前动员，提高大家士气。

① 需要提前对模特和其他邀请的演艺人员进行简单培训。

② 对销售顾问交代好各自的工作，建立工作监控联系表，人手一份，让每个人都清楚自己的职责，预防发生突发事件时找不到可以负责的人，整体防控，做到滴水不漏，为第二天上市有序进行做好准备。

③ 对第二天的流程进行再次确认，确保上市活动准确无误。

④ 对前期的重点工作进行检查、确认。

⑤ 祝第二天上市成功。

四、上市当日活动

汽车4S店在上市当日及上市期间应当有效搜集并最大化利用资源收集信息，从而快速促进成交。

1. 展厅现场执行

（1）迎客　营销人员应随时观察停车区域车辆的进入情况，第一时间上前迎接客户，并让顾客感受到极大的热情及尊重。辨别客户进店意图（媒体记者、竞争对手、客户），对不同客户群采用不同的接待技巧。

（2）接待　以快速促进成交为原则，接待进店客户，可采用以下话术：

“您好，欢迎光临××汽车4S店。”

“新产品刚刚上市，性价比各方面都比较突出，这两天我的电话都要打爆了，很多老客户都说要换新产品，这样，我先带您深入了解一下新产品。”

“由于新产品上市前期接受的订单较多，目前需要提前预订才可交车。如果您已经看好了，不妨先交定金，我提前帮您安排交车。”

“对了，××先生，您的电话号码我记一下，以便到时我们公司有什么活动，可以第一时间通知您。”

（3）电话准备　汽车4S店须安装不少于3部专线，并全力保证上市期间电话线路畅通。每通电话的接听时间不得超过2分钟，内容需精炼，重点在于保留客户的基本信息，并将汽车4S店的地址、销售顾问的联系方式以最快速度留给客户，吸引客户来店。

比如，“××先生/小姐，实在不好意思，展厅客户现在很多，我有两个客户现在正在提车，实在忙不过来，不如您先留个电话，抽空到展厅来看看，到时候您直接找我，我给您做个详细的介绍，您看这样行吗？”

（4）客户档案管理　对获得的客户资料进行分析，建立客户档案和总结，确定客户级别及跟进方式，及时回访潜在客户并邀请来店。

（5）注意事项　展厅现场执行中，汽车4S店应注意下图所示的事项。

- 事项一：做好顾客来店的接待工作，注意应对话术，特别是老客户
- 事项二：做好VIP客户（政府、媒体等）的接待工作
- 事项三：如有安排免费接送业务，注意接送时间安排，每批人数确定，确保客户满意
- 事项四：保证上市期间来店人气的高持续性，有意识地安排客户分批到店，接待时间上要错开，不要都安排在同一天
- 事项五：保证上市期间客户信息的高收集率，必要时可实行客户经理竞赛制，对各个客户经理上市期间每天收集的客户资料数量进行评比，提高全店客户经理的资料留有率

展厅现场注意事项

2. 活动流程确认

确认活动流程，并告知媒体及参会人员。

下面提供一份××汽车4S店上市活动现场流程的范本，仅供参考。

【范本】

××汽车4S店上市活动现场流程

序号	项目	执行要求	责任人
1	媒体资料、红包发放	媒体签到并发放红包，发放新闻通稿、车型资料	汽车4S店策划人员
2	接送媒体相关人员	接送媒体相关人员到上市活动现场	汽车4S店策划人员
3	主持人开场	主持人介绍本次活动主题，并介绍来宾	主持人
4	领导发言	大区经理或区域经理发言，并宣布新产品	大区经理/区域经理
5	新车揭幕	大区经理或区域经理与汽车4S店总经理为新品揭幕	大区经理/区域经理与汽车4S店相关人员
6	穿插节目表演	穿插节目，车模表演（包括新产品的目标群体，如白领阶层表演），同时进行车型介绍、卖点介绍	汽车4S店品牌经理或相关人员
7	汽车4S店相关人员发言	汽车4S店总经理准备5分钟左右的发言，表示对新车的信心以及预定人数	汽车4S店总经理
8	交车仪式	汽车4S店总经理和大区经理或区域经理交车给客户，并合影留念	大区经理/区域经理、汽车4S店总经理
9	车主代表发言	车主代表进行3分钟左右发言，阐述选车过程，表示欣喜和感谢	车主
10	穿插节目	穿插可吸引人气的节目	表演者

续表

序号	项目	执行要求	责任人
11	媒体代表发言（可省）	从媒体角度对新产品进行大致阐述，突出性价比和市场前景	媒体代表
12	活动结束	主持人宣布活动结束	主持人

3. 现场人员安排

展示区接待工作人员负责接待媒体，分发资料和礼品，安排媒体签到，安排媒体有顺序地进行拍照和体验。

> **策划一点通：**
>
> 整个上市现场应及时关注各个媒体的服务，以提高媒体对上市活动的大力宣传。

试驾区专业技术人员负责车型知识的讲解和答疑；陪同试驾，保证安全；应急处理车辆突发问题。

现场试驾应注意下图所示的事项。

- 事项一：试乘试驾路线应全封闭，杜绝安全隐患，并应设置专门的等候区
- 事项二：路线全程应有清晰的标志引导，并用锥筒进行安全分隔
- 事项三：在起始、换乘及转弯等重要地点均应设置工作人员加以引导
- 事项四：每辆试驾车均应配备一名专业技术人员，保证安全
- 事项五：为避免媒体相关人员长时间等候产生不满情绪，应在休息区设置休息座椅及饮料，如有条件，还可设置一些小游戏
- 事项六：试乘试驾期间，维修人员及机动车辆应随时待命，以便对应突发状况

现场试驾的注意事项

4. 信息收集

信息收集是上市活动中的重要组成部分，通过信息跟踪了解新车型在媒体心中的地位，掌握当地市场状况。

第三节　新车上市推广活动方案

下面提供几份××汽车4S店新车上市活动方案的范本，仅供参考。

【范本】

××汽车4S店新车上市活动方案

一、活动目的

① 把握品牌调性，突出××品牌汽车的独有特点，提升品牌形象。

② 强化××汽车在受众心目中的知名度和美誉感。

③ 体现××汽车的国际化风格，营造现场气氛。

④ 介绍××品牌及产品特色，形成与竞争对手的差异化营销。

二、活动主题

商务风范　尽显尊崇——××汽车新车上市发布会。

三、活动构成

新车亮相/品位演出/现场交流。

四、活动时间

（略）

五、活动场地

（略）

六、参加人员

客户、媒体记者、汽车4S店领导及员工。

七、活动流程

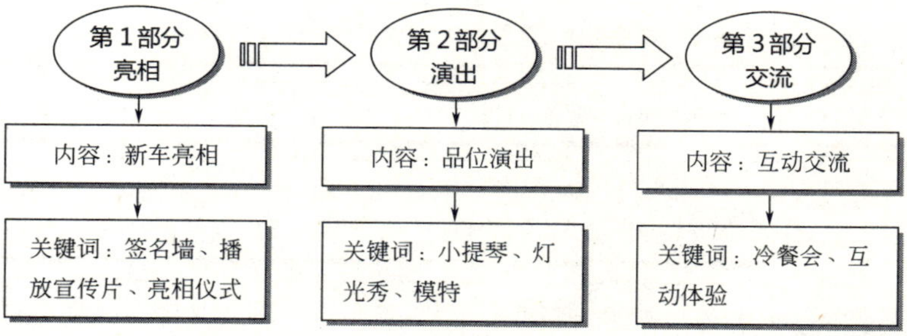

时间	内容
14:00 ～ 14:30	来宾签名、入场
14:30 ～ 14:35	主持人开场
14:35 ～ 14:40	领导一致辞
14:40 ～ 14:45	领导二致辞
14:45 ～ 14:50	××车型宣传短片
14:50 ～ 14:53	灯光秀
14:53 ～ 14:54	新车亮相（可配合设置对比车型）
14:54 ～ 15:00	钢琴/小提琴伴奏+模特表演
15:00 ～ 16:00	主持人宣布冷餐会开始，由技术人员进行新车介绍，来宾可自由赏车
16:00以后	活动结束

八、流程描述

1. 签到及礼仪安排（亮点一）

内容	时间	描述
来宾签到	30分钟	所有来宾到场后，由礼仪人员引导至签名区，签名区由礼仪人员递上签字笔，每位来宾在特制的签到墙上留下珍贵的签名，贵宾由礼仪人员系上独有的手腕花。 礼仪人员为专业模特，体现出活动的高品质，着装采用美丽大方的礼服，以增加活动的气氛

2. 领导致辞

内容	时间	描述
领导致辞	10分钟	讲话：待定 运行：礼仪人员引导领导上台 背景：领导登台时响起雄壮的音乐，营造现场气氛

3. 宣传片（亮点二）

内容	时间	描述
宣传片	5分钟	准备××车型的宣传片，利用场景布置中的大型荧幕，向与会来宾展现出××的品牌及文化形象 大型的投影屏幕给来宾带来视觉冲击力

4. 新车亮相（亮点三）

内容	时间	描述
灯光秀、新车亮相、钢琴+模特	10分钟	大屏幕宣传短片播放完毕，在来宾沉浸在视觉的冲击力后，余兴未尽，配合激昂的背景音乐 音乐达到高潮，所有灯光效果集中于遮掩新车的绸质纱幔上，突然纱幔垂下，烟机等配合渲染效果 纱幔垂下瞬间，新车旁的钢琴声响起，配合模特的现场演出，演绎××车型商务风范

新车亮相时，由小提琴演奏者配合车模演艺××品牌诉求与文化内涵，整体环节与新车亮相紧密衔接，同时配合一定的灯光效果，突出新车，表演者与××品牌浑然一体而不喧宾夺主。

5. 冷餐会

内容	时间	描述
冷餐会、新车介绍及对比	60分钟	发布结束，主持人宣布冷餐会开始，来宾可自由赏车，自由交流。其间专业技术人员配合大屏幕PPT进行技术讲解，模特在车旁配合讲解过程，当讲到车的某个部位时，模特配合指引 邀请专业调酒师、糕点师（各2名）现场进行花式调酒、糕点表演，为来宾制作精美的甜点

为了营造现场轻松和谐的氛围，方便来宾的会后交流，现场为来宾准备少量的饮料品尝，同时安排专业的糕点师进行现场表演。

九、细节策划

1. 手腕花

为了体现来宾的尊贵，向每位与会的来宾提供一个手腕花，增加活动的气氛，让来宾体会到高品质的服务感受。

2. 礼品

所有来宾到达后签到时，由工作人员向每位来宾赠送一份精美的纪念品，并提供××汽车的资料袋，充分体现××汽车对来宾的亲切关爱和周到服务。

十、活动视觉

1. 签到区

（1）位置　签名区设置在宴会厅外，搭建6米×3米的大型签名背景墙，签名背景墙前方设置不等高的梯步，方便来宾签名。

（2）设置方式　签名背景墙设置于签到处的一侧，可采用木质结构，写真画面。

（3）服务　签名背景墙前方配备2名身着晚礼服的礼仪人员，提供周到细致的服务。

2. 会场区

（1）主舞台　主舞台中央采用大型的屏幕（4米×3米）投影机，根据活动的具体时间流程变换不同的背景画面；屏幕两侧面设置冰纱特殊造型，可投射电脑灯图案：背景右侧前方设置讲台背景，左侧前方设置展示车辆，车旁配合钢琴，亮相前车辆和钢琴用弧形的冰纱遮挡；舞台上铺设灰色地毯。

（2）来宾区　来宾区四周放置少量的沙发供来宾休息；来宾区右侧面放置餐台；所有来宾在活动进行时可随意走动、交流，营造冷餐会的轻松和谐的氛围。

（3）其他设施　来宾区的左侧设置灯光、音响、视频的控制台。

3. 其他设置

指示系统：从大厅到活动场地的各角落设置明显的指示系统，导示来宾的行动方向。

4. 平面规划

（略）

十一、应急方案

① 现场设置保安人员，及时处理突发事件。

现场安全工作分配：

a. 安全控管1名；

b. 保安总负责人1名；

c. 活动场地外围站位2名。

保安人员工作时间自14:00开始，至所有人员离开现场为止。

② 确保场地电力资源安全，保证活动的顺利进行。

十二、活动预算

（略）

【范本】

××汽车4S店“××××”杯活动策划案

一、活动目的

继续营造××赛车运动和××产品在市场上的高热度。通过为消费者带来更多的精彩活动以传递“活得精彩”的品牌主张。提升消费者对于产品和品牌的忠诚度。帮助××汽车4S店与车主和潜在消费者之间保持更为紧密及更有吸引力的关系。为改款车型的上市及销售造势。扩大××产品的热卖，并由此拉动其他产品的销售业绩。

二、活动流程及时间

活动流程及时间，如下图所示。

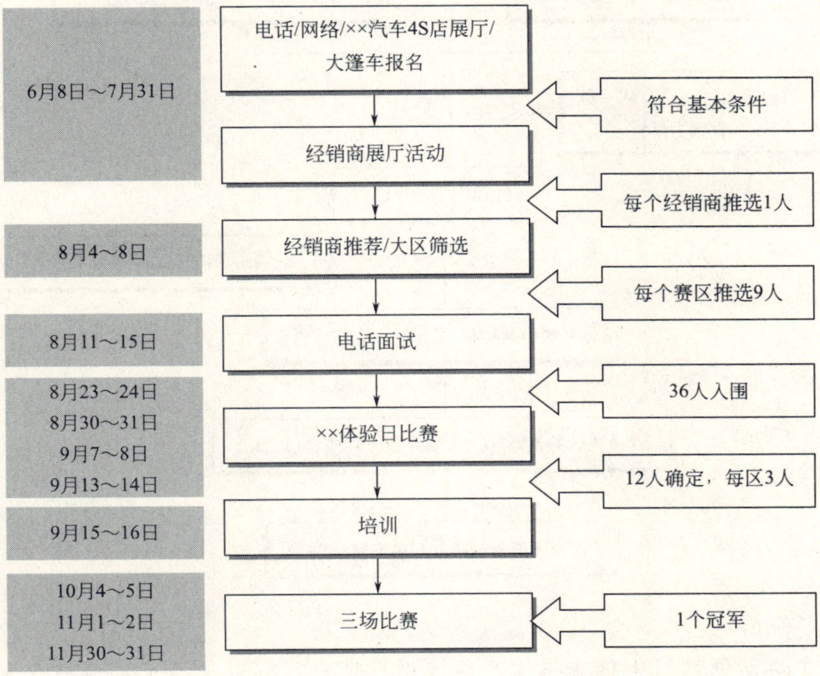

三、整体行程

整体行程，如下图所示。

	招聘		选拔			赛事	
5月	6月	7月	8月	9月	10月	11月	12月
报名　6月8日～7月31日							
经销商推荐/大区评选　8月4～8日							
入围人选电话面试　8月11～15日							
××体验日　8月23日～9月14日							
12名确认人选培训（待定）　9月15～16日							
3场比赛/总冠军　10月4日～11月31日							

四、活动执行流程

活动执行流程，如下图所示。

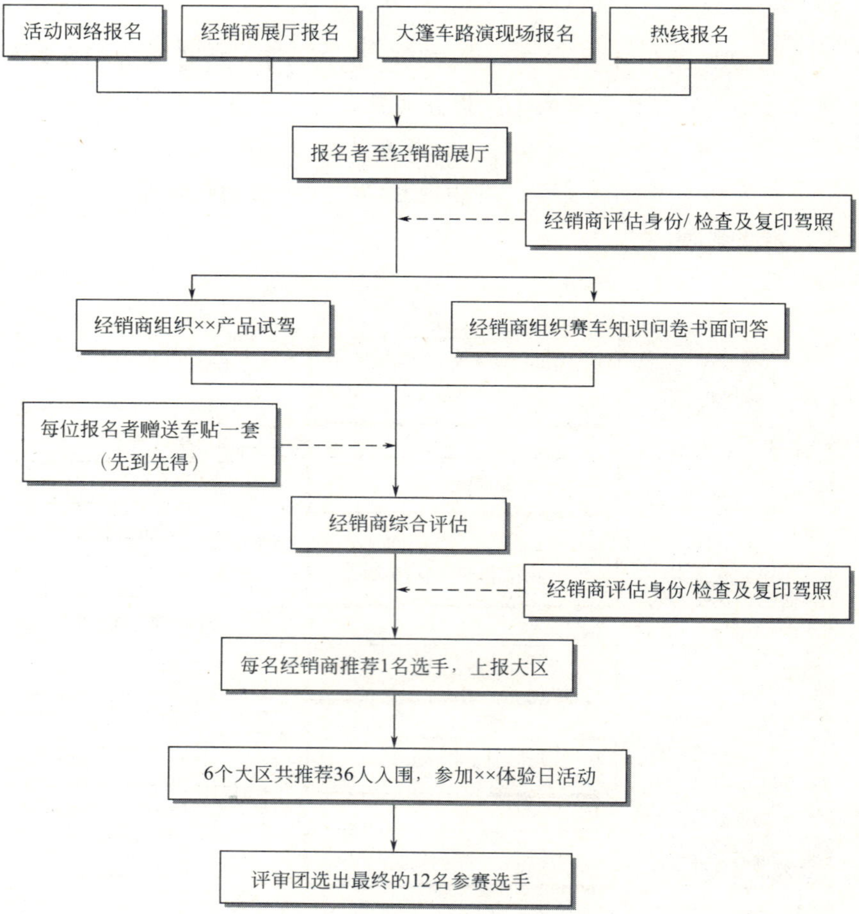

五、报名阶段

报名者在活动网站、大篷车路演及热线中，可自行就近选择至本城市××汽车4S店店铺参加活动。通过电话核对信息后根据报名者的选择将个人信息在报名后3～5个工作日内传至具体的××汽车4S店。

1.汽车4S店评估身份/检查及复印驾照

① 符合报名条件：22岁以上，持有驾照，男女不限；驾驶经验丰富；1年内无全/主责交通事故；身体健康，思维敏捷；对赛车运动有强烈的热诚和基本的知识。

② 汽车4S店仔细审核报名者的驾照，复印以备用。

③ 汽车4S店展厅使用总部统一设计的报名表用于报名者的信息填写。

④ 汽车4S店使用厂家统一制作的表格汇总在汽车4S店展厅内参加活动人员的数据，并每周定期回传至厂家。

2.汽车4S店组织××产品试驾

针对已经报名且符合报名资格的来宾，汽车4S店使用展厅现有××产品试驾车来组织来宾进行短途试驾。

试驾道路选择：展厅附近交通流量较小的道路，路线中应在道路许可行车且安全的前提下，尽量安排一些连续弯道或弯角较大的弯道，供来宾充分体验车辆的安全、精准驾驭性能。

来宾在进行试驾时，每辆车必须安排一名销售顾问陪同试驾，建议陪同人员坐在副驾驶位置，为试驾来宾给予介绍和指导。

销售顾问同时对参加试驾的来宾做出驾驶技能的评估，评估表格由市场部赛车团队统一发放，××汽车4S店根据评估表所列标准对试驾者评分，分数作为赛手推荐的依据之一。

3.汽车4S店使用赛车知识问卷组织书面问答

参加完××产品试驾的客户会被邀请参加赛车知识问卷问答，问卷由专业的试驾公司设计，汽车4S店根据先期提供的答案对已提交的问卷进行评分，分数作为赛手推荐的依据之一。

参加完××产品试驾及赛车知识问卷问答的客户将会获赠“×××杯”车贴一套，每家汽车4S店店铺数量有限，先到先得。

六、推荐评选阶段

1.汽车4S店综合评估/推荐

汽车4S店制作人员推荐表，每个汽车4S店限推荐1名，被推荐人员提供个人电子格式生活照1张。

2.汽车4S店推荐标准

① 驾驶技能评估和赛车知识问答中总得分最高，并结合汽车4S店的综合测评和考量。

② 可以有时间参加下阶段赛事。

③ 符合活动及“活得精彩”品牌的年轻、时尚、活力、富于冒险精神的形象要求。

七、电话面试

① 总部根据赛车团队转交的名单，对名单上36名正选和12名候补人员进行电话面试。

② 面试内容为各项个人信息确认及综合素质评估，具体内容由总部负责发放。

③ 12人候补名单由大区制定，如入围名单中出现不合格者，原则上在其所在大区候补名单内替换，替换由各大区及市场部赛车团队决定。

电话面试后，根据评估由各大区和市场部赛车团队确定36名入围选手。

八、××体验日活动

在全国场地锦标赛的4个专业赛车场，划分成4个赛区，就近安排各大区的36名入围者进行1天的“××××杯”体验日活动。

详细时间及地点可能根据具体情况有所调整，36位入围者至赛场的往返交通、住宿、餐饮由市场部赛车团队统一负担。

九、12名赛手培训

培训12名确认赛手使其适应赛道，并获得进入标准赛道竞赛的认证执照。12位赛手至赛场的往返交通、住宿、餐饮由市场部赛车团队统一负担。

十、“××××杯”比赛

所有选手将会参加3轮比赛，最终根据针对3轮比赛的综合评估产生1名冠军。

“××××杯”将会安排在赛车之前或者之后，由现场的装饰布置来进行标识区分。

每组选手先接受1天的培训，再进行正式比赛。所有选手将会得到1套赛车制服。12位选手至赛场的往返交通、住宿、餐饮由市场部赛车团队统一负担。

12位选手在3场“××××杯”比赛结束后将根据成绩分出分站赛的冠军、亚军、季军及赛事总冠军、总亚军、总季军。

【范本】

××汽车4S店新车上市发布会

一、活动主题

××汽车新车上市发布会。

二、活动时间

（略）

三、活动地点

（略）

四、参与人员

厂商代表、媒体人员、潜在客户、老客户、行业人士。

五、邀请方式

电话邀请、请柬派送。

六、活动内容

热场节目+领导讲话+新车亮相+新车讲解+品酒赏车+媒体见面会。

七、活动目的

① ××汽车上市，利用震撼力的媒体告知和促销说明工具，充分传达××汽车上市信息，让客户切实感受到新车所带来的新鲜感受。

② 结合××市区域特点，通过个性的系列活动，吸引社会公众关注。扩大××品牌市场影响力。

③ 邀请××市主流媒体记者、业内人士、新老客户等参与活动，扩大影响，增加汽车4S店与媒体、行业人士的沟通。

八、现场布置

序号	位置	所需物料	安排人员	操作
1	展厅门口	指示牌、红地毯	2名礼仪	铺设通向会场的单道红色地毯，并在展厅门口处摆放指示牌，指引来宾顺地毯方向进入会场签到处
2	展厅入口（推拉门处）签到外	签到桌、签到墙（2米×3米）	2名礼仪	来宾在签到册上签到，在签到墙上留名，礼仪人员引领入场
3	入场通道	红地毯	2名礼仪	红地毯铺设至会场，拐角处礼仪人员指引方向
4	会场入口	—	2名礼仪	礼仪人员站立，用手势欢迎
5	舞台	红地毯、麦克风支架、主背景、演讲台、投影幕布、绿植	—	红地毯覆盖舞台，中央放置麦克风支架，右侧面放置演讲台，舞台正面主背景搭建，主背景两侧投影幕布悬挂
6	舞台左边	音响设备，演员休息区	音乐DF	音响设备布置在舞台两侧，音响控制台在舞台左侧，至门口区域为演员休息区
7	会场顶部	PS吊旗	—	顶部悬挂××车型串旗
8	会场地面	红地毯（待测）	—	全部红地毯覆画
9	展车位	红地毯（3米×6米）2块，红绸盖2个	2名车模（男女）	展车位用红地毯覆盖，与其他位置区分，一对男女车模进行展示
10	餐饮区	一张长条形餐桌、媒体采访区桌牌	2名礼仪	会场划分为展车区、餐饮区，中间用帏布隔开，礼仪人员提示展示时刻不能进餐饮区
11	展厅正门上方	2米条幅	—	条幅布热转印
12	展厅玻璃	2米玻璃幕单透喷绘画	—	
13	展厅至园区正门大道两侧	广告灯箱1个	—	上写明展厅位置及车辆图片
14	园区正门外两侧	每侧4个空飘，下挂2米上市条幅	—	气球充氢气

九、活动流程

时间	环节	内容	备注
9:30	准备就绪	现场布置完毕，人员到位	
9:30 ～ 10:00	客户签到	礼仪人员引领签到，在休息区休息	播放PS广告音乐
10:00	弦乐四重奏	节目热场	
10:05	主持人	开场白，介绍此次活动	
10:08	领导致辞	总经理讲话（可增加贵宾讲话）	发言稿
10:12	新车揭幕	××经理、贵宾揭幕	礼花，音乐
10:20	模特走秀	从车里走出，围绕新车走秀	音乐
10:20	新车介绍	销售顾问做车型卖点介绍	模特配合
10:25	新车交付	首位购车用户钥匙交付仪式	气球、钥匙
10:32	客户感言	用户代表感言	赠奖品
10:35	回馈抽奖	互动游戏，抽号猜奖	音乐

续表

时间	环节	内容	备注
10:42	上市仪式结束	主持人作上市仪式结束语，嘉宾自由取用香槟及西点	
10:50	小提琴演奏	销售顾问引导嘉宾赏车	
10:55	播放宣传片	嘉宾自由赏车	
11:30	嘉宜准备就餐	上午活动结束	

十、活动预算

（略）

汽车4S店庆典活动策划

第一节　庆典活动认知

一、庆典活动的概念

庆典活动是组织利用自身或社会环境中的有关重大事件、纪念日、节日等所举办的各种仪式、庆祝会和纪念活动的总称，包括节庆活动、纪念活动、典礼仪式和其他活动。

通过庆典活动，可以渲染气氛，强化组织的影响力；可以广交朋友，广结良缘；成功的庆典活动还可能具有较高的新闻价值，从而进一步提高组织的知名度和美誉度。

二、庆典活动的作用

一般来说，企业举办庆典活动，可引起下图所示的三大效应。

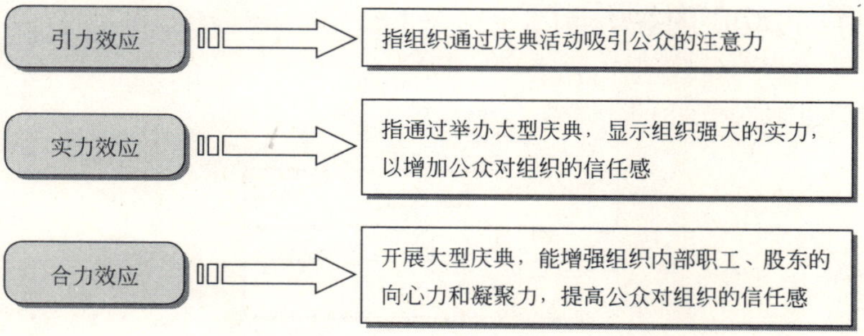

庆典活动的作用

三、庆典活动的种类

对于汽车4S店来说，举办的庆典活动主要有以下两种。

1. 开业庆典

开业庆典，又称开张庆典，主要为商业性活动，小到店面开张，大到酒店、超市、商场等的商务活动。开业庆典不只是一个简单的程序化庆典活动，而是一个经济实体、形象广告的第一步。

××4S店开业庆典现场截图

① 通过开业庆典活动，传递汽车4S店隆重开业的消息，扩大知名度，提高美誉度，树立良好的企业形象，为今后的生存发展创造一个良好的外部环境。

② 进一步加强与当地媒体的互动和交流，为在区域市场的销售和推广营造一个良好的舆论环境，同时扩大本汽车4S店在行业内的知名度。

③ 开业的隆重运作，有利于增加员工对企业的信心，加强企业的凝聚力。

2. 周年庆典

一般在汽车4S店周年店庆时，会举办周年庆典活动，以此来提高汽车4S店的人流量，最终达到推广销售的目的。

四、庆典活动的组织程序

庆典活动的组织程序如下图所示。

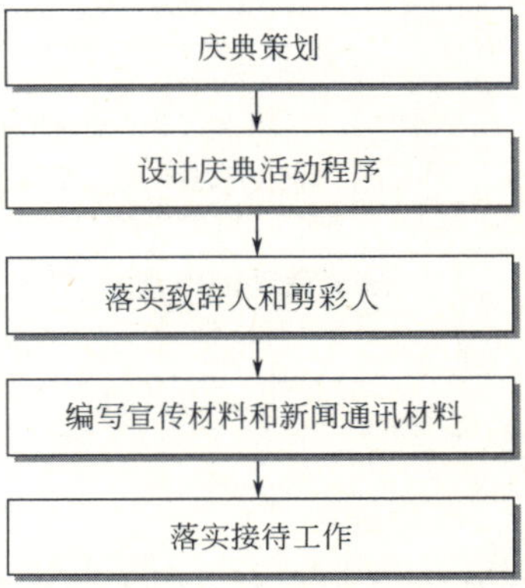

庆典活动的组织程序

1. 庆典策划

（1）确定来宾　来宾组成：政府官员、地方实力人物、知名人士、新闻记者、社区公众代表、客户代表或特殊人物等。总之，来宾要具有一定的代表性。

（2）发放请柬　请柬应提前7～10天发放。重要来宾请柬发放后，组织者当天应电话致意。庆典前一天再电话联系。

下面提供一份开业庆典邀请函的范本，仅供参考。

【范本】

邀请函

尊敬的××先生（女士）：

您好！

首先感谢您在过去的时光里对××汽车4S店的关注和支持！感谢您对我们所有工作的理解和肯定！在此，总经理××携公司全体员工为您送上最真挚的问候和最衷心的祝福！

我公司将于××××年××月××日（星期×、农历××月××日）举行开业庆典，诚挚邀请您的莅临。

时间：

地点：

联系人：

联系电话：

手机：

具体到达时间、出席人数，请予以确认并回复，以便我方安排具体招待事宜。后附回执表一份。

此致！

邀请人：×××

××汽车4S店

××××年××月××日

邀请函回执

单位名称：　　　　　　　　　　　　　　　　来访人数：

姓名	职务	到达时间	交通方式	联系电话

是否带车：是□　否□（这个信息有助于安排停车等事宜）

请务必于××××年××月××日前将此回执传真至××××××××，以便统一安排。

2. 设计庆典活动程序

庆典活动的程序一般如下图所示。

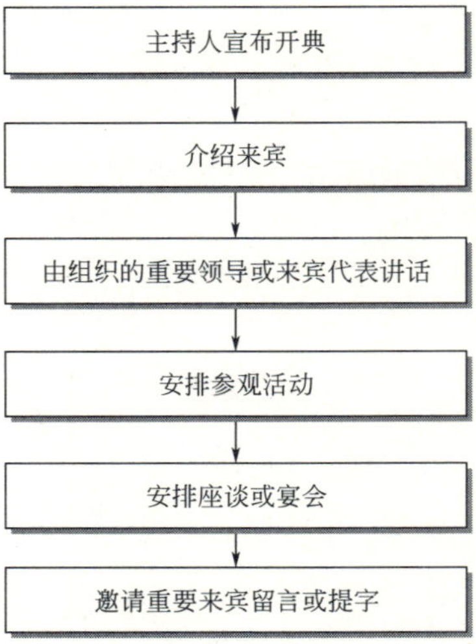

庆典活动的程序

3. 落实致辞人和剪彩人

致辞人和剪彩人分己方及客方。己方为组织最高负责人，客方为德高望重、社会地位较高的知名人士；选择致辞人和剪彩人应征得本人同意。

4. 编写宣传材料和新闻通讯材料

列出庆典主题、背景、活动内容等相关材料，将材料装在特制的包装袋内发给来宾。对记者，还应在其材料中添加较详细的资料，以方便记者写作新闻稿件。

5. 落实接待工作

设置接待室，对所有来宾都应热情接待，耐心服务；对重要来宾，要由组织领导亲自接待；他们的签到、留言、食、宿均应由专人负责。

五、庆典活动注意事项

庆典活动既是社会组织面向社会和公众展现自身的机会，也是对自身的领导和组织能力、社交水平以及文化素养的检验。因此，举办庆典活动时，公共关系人员应做到准备充分，接待热情，头脑冷静，指挥有序。一般来说，庆典活动应注意以下事项。

① 确定好庆典活动主题，精心策划安排，并进行适当宣传。

② 拟定出席庆典仪式的宾客名单，一般包括政府要员、社区负责人代表、同行代表、员工代表、公众代表、知名人士、社团。

③ 拟定庆典程序，一般为签到、宣布庆典开始、宣布来宾名单、致贺词、致答词、剪彩等。

④ 事先确定致贺词、答词的人员名单，并拟好贺词、答词，贺词、答词都应言简意赅。

⑤ 确定关键仪式人员，如剪彩、揭牌、托牌等；除本单位领导外，还应邀请德高望重的知名人士。

⑥ 安排各项接待事宜，事先确定签到、接待、剪彩、摄影、录像、扩音等有关服务礼仪人员。

⑦ 可在庆典活动中安排节目，如舞龙等；还可邀请来宾题词，以作为纪念。

⑧ 庆典结束后，可组织来宾参观本组织的设施、陈列等，增加宣传的机会。

⑨ 通过座谈、留言形式，广泛征求意见，并综合整理、总结经验。

第二节　开业庆典活动策划要点

一、全程媒体推广

1. 广告投放计划

汽车4S店在开业期间，要做好推广工作。以报纸为主，选择最具影响力的报纸媒体，以其他汽车、车友、时尚类杂志为辅。通过交通频道广告、网络媒体广告、户外广告及短信平台进行宣传。

2. 媒体公关

汽车4S店市场推广部应携本店所属品牌特色礼品拜访媒体及各大异业合作单位相关负责人。推广媒介策略如下表所示。

推广媒介策略

序号	媒介	发布优势	报纸选择	发布时间	备注
1	报纸媒体	受众覆盖面广、相对电视媒体价格便宜，信息传播率高	当地最具影响力的报纸	开业前3日起在以上媒体同时投放广告	整版版面
2	户外广告	选择车流量大的路段，信息曝光率较大	开业前3个月	汽车4S店盛大开业	
3	电台广告	针对性强、信息传播有效性高	当地交通频道	前1个月内每日滚动发布	汽车4S店盛大开业，诚邀参加活动（提示礼品赠送）
4	短信广告			前1个星期内发布3次	

二、参与人员规划

整个汽车4S店开业庆典活动中，人是开展所有事务的核心，因此管理者必须做好参与人员规划工作。

参与人员规划

类别	详细内容	人数	安排
	总部领导（含随从）		
	投资方领导（含随从）		
	网点领导		
贵宾	汽车行业应邀参加来宾		
工作人员	销售顾问		
	服务人员		
媒体	主流媒体		
执行公司	传媒公司		
演执人员	舞蹈等表演人员		
	礼仪		
人员共计			
备注			

三、相关人员邀请

1. 客户邀请

汽车4S店开业庆典活动中，一定要邀请相关人士，可以制作一个客户邀请计划表，对整个客户邀约过程实现跟踪控制。

客户邀请计划

序号	邀约方式	时间	目标人群	负责人	项目进程反馈时间	内容	备注
1	短信邀约		基盘客户				
2	微信邀约		不定项客户				
3	发送邀请函		关键客户、官员			邀请到店参与剪彩和酒会	
4	电话邀约		潜在客户				
5	二次电话邀约		潜在客户				

2. 媒体邀约

要确定邀约媒体的类别、媒体名称、姓名、职务、费用、人次等，并提前邀约。

媒体邀约计划

序号	类别	媒体名称	姓名	职务	费用	人次	备注
1	平面媒体						
2							
3							
4							

续表

序号	类别	媒体名称	姓名	职务	费用	人次	备注
5	平面媒体						
6							
1	网络						
2							
3							
1	电视台						
2							
3							
1	电台						
2							
1	其他						
2							
媒体费用合计							

制表日期： 制表人：

3. 客户邀约跟踪

邀约，不仅是将邀约短信或邀请函发放出去就可以了，更要做好跟踪工作，确保邀约人员到位情况。

客户邀约跟踪表

客户姓名						
联系电话						
意向车型						
贵宾卡号码						
邀约流程	短信邀约					
	电话拜访					
	短信提醒					
	电话确认					
	贵宾卡					
邀约次数	1					
	2					
	3					
邀约结果						
到店人数						
礼品领取						
活动主题						
活动简介						
电话话术						
短信话术						
礼品名称						

四、确定仪式流程

在开业庆典活动策划中，要确定开业庆典仪式流程，可以采用流程图，也可用流程表形式予以表现。如下图所示为××汽车4S店开业庆典仪式流程图。

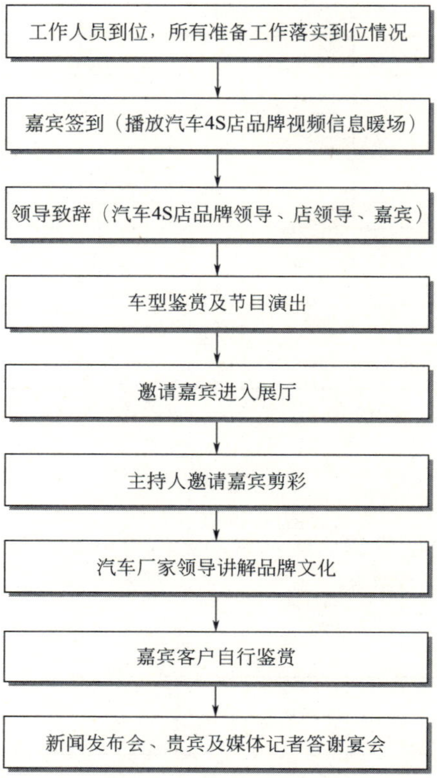

××汽车4S店开业庆典仪式流程图

下面提供一份××汽车4S店开业庆典活动当日流程的范本，仅供参考。

【范本】

××汽车4S店开业庆典活动当日流程

进程	进行时间	项目内容	负责方	备注
开始前环节	8:30 ～ 9:50	维持现场情况，引导嘉宾停车		
		再次检查全套活动设备		
迎宾环节	9:30 ～ 10:00	奏乐		
		前台接待礼仪人员做好嘉宾登记及产品资料发放工作		
		由礼仪人员引导嘉宾入座		
	10:15	全体员工于展台左侧前列队		

续表

进程	进行时间	项目内容	负责方	备注
迎宾环节	10:15 ～ 11:00	媒体记者引导进行拍摄，以备活动结束后期宣传		
开业典礼环节	10:15 ～ 11:00	开场音乐，主持人出场，引导嘉宾上台 （1）介绍活动背景，以及主席台上领导和重要嘉宾 （2）总经理致开业辞 （3）集团领导致开业辞，列队宣誓 （4）主持人宣布 × × 汽车4S店隆重开业 （5）全体嘉宾起立，集团主要领导剪彩 （6）点睛、舞狮队表演		（1）开业方式为剪彩、拉开帷幕、点睛采青形式进行 （2）渲染音乐贯穿全程，剪彩或揭帷幕的时候转为高潮，开礼炮
	11:00 ～ 11:20	礼仪及销售经理引领嘉宾们参观展厅		展厅、客户休息区、客户洽谈区、交车区、售后区等区域
	11:00	进入展厅位置给嘉宾发放礼品		
开业餐会环节	11:20	餐会开始，邀请嘉宾及领导边吃边欣赏乐器演奏，促进交流，与各方建立良好的关系		小提琴演奏为主要节目，其他节目视具体情况而定
活动结束	13:00	餐会后结束当天活动		进行清洁工作

五、配置工作人员

工作人员配置目的是确保开业典礼顺利进行，分工明确，责任落实到位。工作人员职责配置如下表所示。

工作人员职责配置

项目	工作内容	姓名	电话	备注
活动总指挥	统一调配，指挥全局活动方案审批			
筹备组	活动方案撰写			
	媒介、庆典代理接触、交流、布置工作			
	现场活动督导、控制负责人			
接待组	政府领导接待人员（包括邀请）			
	当地同行业高层接待人员（包括邀请）			
	当地媒体接待人员（包括邀请）			
后勤组	物料、纪念礼品采购及准备			
	开业餐会的采购及准备			
	保证水电、卫生、安全等突发事件紧急预案			
安保	维护好现场交通秩序、安保、清洁工作			
	应对突发事件预案			

六、现场危机预防管理

1. 现场电力资源保障

活动期间需要有效避免停电带来的诸多麻烦，因此为避免突发事件，保证活动进程万无一失，可以准备备用电缆或备用电源（发电机），提前检查场地线路，保证线路输入正常，在活动期间安排专业电工待命，处理突发电源问题。

2. 天气问题

① 准备适量雨伞、雨伞套等，消除下雨给来宾带来的不便。

② 准备适量大型遮阳伞，以防下雨给签到、停车接待带来不便。

3. 秩序问题

① 在活动前与当地派出所进行充分沟通，随时处理突发治安事件。

② 增加保安力量，维持现场秩序。

4. 现场气氛调动

在场下安排2～4名现场气氛调动人员。

5. 活动进程的流畅性保证

由专人负责对现场物资进行妥善处理并及时补给，安排2～4名催场人员。

6. 获奖来宾中途离开

如果有获奖来宾中途离开活动现场的情况发生，确定离开事由，安排现场工作人员代为领取。如果来宾已离去，则重新抽取幸运客户。

7. 现场秩序

活动开始后结束签到，留1名签到人员值守善后，入口处安排4名保安维护进出秩序。

第三节　庆典活动策划方案

下面提供几份××汽车4S店庆典活动策划方案的范本，仅供参考。

【范本】

××汽车4S店开业庆典策划方案

一、活动流程

1.前期执行

时间	项目	操作	负责人
7:30 ～ 8:30	人员集合、分工	工作人员集合，确认分工，各就各位	××广告公司和××负责人
	场地布置	（1）所有场地装饰布置的检查 （2）新车安放、音响布置调试	
	物料及前期工作准备	座椅摆放、点心区、签到台布置，嘉宾胸花、礼品等物料查验	

2. 节目流程

时间	项目	操作	工作人员	道具
9:00 ～ 9:50	迎宾	（1）嘉宾领导、媒体朋友签到 （2）安排车辆停放 （3）引导嘉宾入座享用点心，欣赏广告宣传片及年度魅力科技展		签到本和签到笔
9:50 ～ 9:52	画外音	宣布新店开业仪式开始	主持人	麦克风
9:52 ～ 10:00	开场舞	开场××舞蹈表演	跳舞演员	伴舞音乐
10:00 ～ 10:05	开场白	主持人介绍到场嘉宾领导	主持人	麦克风
10:05 ～ 10:10	邀请领导	（1）主持人有请××××董事长上台致开业辞 （2）礼仪人员上前邀请领导上台	主持人	麦克风
			礼仪人员	背景音乐
10:10 ～ 10:15	邀请领导	（1）邀请厂家代表上台致开幕辞 （2）礼仪人员上前邀请领导上台	主持人	麦克风
			礼仪人员	背景音乐
10:15 ～ 10:20	领导致辞	厂家代表致辞	厂家代表	麦克风
10:20 ～ 10:25	剪彩仪式	（1）嘉宾和领导上台剪彩 （2）欢庆的音乐响起 （3）电动礼炮同时发射	礼仪人员	剪彩用品
			音响师	欢庆音乐
			××××员工	电动礼炮
10:25 ～ 10:30	醒狮表演	（1）邀请董事长移步至店外点睛	主持人	麦克风
		（2）醒狮表演	舞狮乐队	自带乐器
10:30 ～ 11:30	媒体见面会及其他庆祝活动	宣布媒体见面会在接待室进行，新车试驾活动、车技表演在户外进行，并安排精彩的醒狮表演，服务咨询，免费车检	主持人	麦克风
	媒体见面会	与媒体见面并面对面沟通	××××领导、厂家代表、媒体	接待室
	客户试驾	（1）展开试驾活动	销售顾问、试驾客户、展车模特	新车
		（2）赠送资料、礼品，填写客户试驾调查表	礼仪人员	
	车技表演	车技表演	车手	表演车辆、防护栏
	××汽车科技展	观众自由参观，部分区域需要讲解员		一应参展物品、投影设备等
	服务咨询	服务咨询免费车检		帐篷、桌椅、登记本
11:35 ～ 11:40	结束语	（1）宣布新店开业会结束 （2）燃放鞭炮 （3）提醒就餐地点	主持人	背景音乐
			广告公司	
			主持人	

二、场地布置

活动场地分入口迎宾、开业仪式、汽车演示三大部分，要求衬托开业喜庆氛围，并符合主题“××科技”特色。

1.入口迎宾

① 以拱门、横幅、空飘等烘托开业仪式的火热气氛，并可作为地点标志。

② 地面铺上红地毯，显示开业仪式的隆重，昭显活动嘉宾的尊贵。

2.开业仪式

（1）舞台布置　搭建舞台、背景板。舞台上铺红地毯，两侧搭建斜坡供车辆上下。此外舞台两侧边沿以每边2～3个空飘拉起两三个竖幅，使舞台增加信息含量，并在结构上更加美观、大气，起到调节舞台氛围的作用。

（2）展厅布置　展厅布置要突出“××科技”的主题特色，以蓝色、白色、银色为基色，塑造时尚、现代的整体氛围，并用立柱等将展厅划分区域。

3.汽车演示

（1）试乘试驾　提供车辆试乘试驾，需要停车场地及通道（需场地指示牌）。

（2）汽车表演　在离舞台不远的地方，以绳索或障碍物围出大块空旷场地，供车技表演使用（需场地指示牌）。

（3）服务咨询、免费车检　咨询、车检场地设在展厅和汽车表演场地相邻的地方，这样容易引起客户注意，并方便客户流动（需场地指示牌、工作帐篷）。

三、宣传计划

① 在××日报、××日报、××商报区域经济导刊各投放1期开业预告广告。

② 邀请各大媒体在活动前后跟踪报道。

③ 在××电台播放15秒广告专题新闻。

④ ××网短信平台发布开业信息。

⑤ 发送邀请函，以××日报名义协邀俱乐部会员、车主参加开业活动。

⑥ 制作活动宣传单张××××张，向高级写字楼等地定点派发。

四、物料费用

物料费用明细清单如下表所示。

物料费用明细清单

项目	规格	数量	单价	总价	备注
庆典拱门	15米	1			
空飘	进口PVC	3			包挂三天
舞台搭建	6米×8米				含舞台搭建、地毯、舞台背景喷画以及喷画拉挂
礼炮	电动礼炮	2			
音响（投影仪）	音箱4个、麦克风8个，配专业调音师	1			
主持人	电视台专业主持	1			

续表

项目	规格	数量	单价	总价	备注
礼仪人员	专业人员	6			包含服装
礼仪用品	签到笔4支、插花1盆、签到本、剪彩用品、点睛用品	1项			
嘉宾襟花		20			
花篮	两层西式花篮	18			
醒狮	狮队	2头			
彩旗	常规	300			包插挂
自助餐点	水果、点心、饮料等	1			250人的份量
小提琴表演	专业小提琴表演者	1			
跳舞表演	专业舞蹈演员	4			
展厅气氛布置		1			
××科技展区布置	展示区内用桁架搭建宣传栏，红地毯铺地	1			
小计					

【范本】

广州××汽车4S店开业庆典活动方案

一、活动主题

“感悟恒久魅力　品味百年经典”，广州××汽车4S店开业庆典。

二、活动目的

① 体现企业的风范与实力。

② 昭示企业的成功开业，一个崭新的“生命”投入激烈的市场大潮。

③ 给本企业员工树立自信，坚定信心。

④ 扩大企业知名度和品牌知名度。

三、目标群体

① ××公司、广州市政府、外汽集团、广州各汽车4S店等领导。

② 汽车、文化界专业人士。

③ 新闻媒体。

④ 同行业汽车经销商。

⑤ 客户。

四、活动时间

待定。

五、活动地点

广州××汽车4S店。

六、工作安排

成立专门的筹备小组，实行组长负责制，责任分工到人，实行倒计时工作制。

1.前期准备阶段（提前20天完成）

① 制定详细活动方案，并上报上级各部门审核、修改。

② 确定承办广告公司，就相关承办内容签订承办合同。

③ 召开1～2期筹委会，就细节问题进一步商定。

④ 按照项目实施方案的要求广告宣传工作应开始运作，第一批媒体广告开始投放。

2.制作、实施阶段工作安排（提前5天完成）

① 发送请柬邀请各界人士参与本次开业庆典。

② 各种活动用品(印刷品、礼品等)应完成制作，由专人负责保管。

③ 承办方完成活动所需物品的前期制作工作。

3.现场布置阶段工作安排（活动开始前一天完成）

① 提前两天，承办单位开始现场的布置工作，完成所有条幅、彩旗、灯杆旗的安装工作。

② 现场的布置工作：提前一天，完成主席台的搭建及背景板安装；完成主会场签到处、指示牌、嘉宾座椅、音响的摆设布置；完成充气拱门、高空气球的布置工作；完成花篮、花牌、礼宾花的制作工作；完成小气球的充气工作。

4.活动实施阶段工作安排（当天早晨完成）

① 当天上午6:00，所有公司内部人员及工作人员到达现场，做最后检查。

② 上午7:00，所有安保人员到位。

③ 上午8:00，礼仪人员、车模、演职人员到场准备完毕。

④ 上午8:30，主持人、记者到场。

⑤ 上午9:00，嘉宾陆续到场，军乐队、礼仪人员迎宾，并协助佩戴胸花、引导等工作。

七、活动流程

暂定活动开始时间为上午9:18。

8:30 军乐队、舞龙舞狮开始表演，礼仪人员全部就位，迎接来宾。

8:45 车模就位。

9:00 来宾基本全部到场，随意参观，小提琴演奏者开始表演。

9:18 主持人宣布仪式开始并邀请市政府领导讲话。

9:25 ××公司领导讲话。

9:30 广州××汽车4S店领导讲话。

9:38 由领导和嘉宾一同为新车揭幕，鼓乐齐鸣，燃放礼炮，放飞气球，舞龙舞狮表演。

9:40 由广州××汽车4S店领导引领嘉宾参观并介绍本4S店。

10:00 由广州××汽车4S店领导宣布“重走百年路”，××全城巡游活动车队出发。

【范本】

××汽车4S店五周年庆典活动方案

一、活动前言

五年前，××汽车4S店正式开业，也开始了品牌的蓝色之旅，为××车市注入浪漫气息。而今走过了五年的××汽车4S店，经过积累与沉淀，使其在××有了一片蓝色的疆土，××汽车4S店实现了质的飞跃。在五周年之际，××汽车4S店始终如一，懂得感恩，带给大家的依然是单纯的法国蓝色浪漫。

二、活动思路

一场好的活动可以在客户心中留下深刻的记忆，能提高企业知名度和美誉度。本次××汽车4S店五周年庆典活动将有别以往常规，活动将坚持以蓝色的浪漫为主线，全场布置以蓝色为主色调，创造浪漫氛围，悠扬的小提琴，生动的互动环节，新颖的抽奖仪式等，活动将以创意的方式带给客户不一般的体验与感受。在与客户共同度过浪漫之夜的同时，也让客户深深地感受到××汽车4S店始终怀着感恩的心与客户分享。

三、浪漫氛围营造

围绕蓝色浪漫主题，整个氛围布置以蓝色、白色为主色调，既突出了浪漫、简洁、大方，同时与品牌的格调相吻合。

1.外场

正门立大拱门，告示活动五周年庆典，增加喜庆气氛。外围设置建议不以常规的横幅为主，改成更能体现浪漫的花篮展示，大门两旁摆放20个精致的铁架花篮，以白色或粉色玫瑰为主，清新不失高贵，同时契合浪漫主题。花篮中间的夹道铺一条蓝色地毯至入口，与整个格调相统一，同时外场更有了整体性。

2.舞台与背景

以蓝色为主色调，背景设计大气简洁，以品牌Logo为主，不宜有过多元素，简洁而且大气。舞台地毯以银灰为主，同时舞台围裙以深色为主，元素为品牌Logo，整体更有层次感，也能体现出一种档次。

3.观众区

以圆桌式摆放，铺白色桌布，每桌放一小盆玫瑰插花，并且桌上放以蓝色、紫色为主的烛台，点点烛光在整个蓝色的氛围中闪闪发光，犹如浩瀚天空中的点点繁星，细节中体现出蓝色浪漫的主题。同时椅子套上白色椅套，与桌子形成整体性。休息区设置精致冷餐，桌布也采用以白色为主的高贵色调。

4.展厅二楼栏杆

用喷绘写真形式记录××汽车4S店走过的五年历程，挑选每年具有纪念意义的活动，客户在进入会场时能够一眼看到，让客户真切感受到××汽车4S店与客户共同经历的这五年，更具感染力。

5.天花板

通过灯光将品牌Logo打到天花板上，品牌Logo在天花板上移动，动静结合，使得整个空间充满了浪漫元素。

四、具体活动流程

具体活动流程

时间	工作事项	具体工作
6:00	现场布置完毕	音响、舞台、播放设备准备就绪；签到台、新闻稿、礼品、资料袋等准备完毕；演员开始彩排
6:30	现场人员就绪	演员彩排完毕，礼仪、签到等相关工作人员就绪
7:00 ～ 7:30	嘉宾签到	（1）礼仪人员引导嘉宾、记者签到，发放礼品券 （2）为嘉宾佩戴本品牌五周年的纪念徽章，徽章采用夜光材质制作，嘉宾佩戴它进入会场时，犹如蓝色的精灵在蓝色的天空中自由飞翔，浪漫的气氛逐渐动了起来 （3）签到阶段会场始终播放品牌宣传片，加深客户对品牌的印象
7:30 ～ 7:35	开场秀	影片播放停止，全场灯光骤暗，背景播放倒计时（从5开始），倒计时完的瞬间，激昂的音乐响起，灯光聚焦，烟雾弥漫中，穿一身蓝衣的小提琴手上场，蓝色灯光配合激昂的小提琴演奏，开始了蓝色浪漫之夜，渲染整场气氛
7:35 ～ 7:45	主持人亮丽登场	追光灯亮起，主持人上场，串词渲染气氛，并介绍活动流程及到场嘉宾，宣布五周年庆典开始，邀请有关领导嘉宾致辞
7:45 ～ 7:55	领导（嘉宾）致辞	邀请公司领导致辞，隆重出场音乐响起，领导上台发言，致欢迎词，讲述××汽车4S店走过的五周年历程，五周年所取得的突破与成就，感谢在场的嘉宾们五周年来的支持，同时展望未来
7:55 ～ 8:10	车型浪漫演绎	（1）主持人串词（追光） （2）介绍完毕，音乐响起，蓝色灯光照在舞台的车上，烟雾从车底冉冉冒出，在烟雾弥漫中，两名穿白色服饰的舞者从车中走出，翩然起舞，与车完美结合
8:10 ～ 8:30	互动环节——心有灵犀	介绍完毕，主持人串词，开始互动游戏环节，有精美礼品相送。同时邀请8对情侣或夫妻关系的嘉宾上台比赛，比赛内容为大家所熟悉，一个比划一个猜，不容易出现冷场，加上主持人煽情，很容易调动现场气氛
8:30 ～ 8:50	魔术表演	游戏完毕，主持人串词，有请知名魔术师登场，配合蓝色灯光进行炫丽表演，同时与现场观众互动
8:50 ～ 9:00	舞蹈表演	互动完毕，主持人串词，请出舞蹈演员，在柔和的灯光中演绎难舍的浪漫情怀。音乐悠长，舞蹈以轻柔为主。表演过程空中飘下蓝色花瓣，极具浪漫色彩
8:50 ～ 9:10	抽奖环节	（1）主持人邀请公司领导上台抽奖，抽奖确定号码后，主持人请嘉宾取出自己凳子底下的号码，请中奖的嘉宾上台，领导给予颁奖 （2）在欢乐中结束整场活动，同时告知凭借礼品券可到签到处领取一份礼品

五、活动具体细节

①每个来宾签到时都可以领取一个××汽车4S店五周年纪念徽章，礼仪人员协助别于胸前，使每个人产生对品牌的认知。

②自由活动时间，自助餐布置得别具特色，咖啡具和茶具以蓝色调点缀。

③所有工作人员统一着装，现场物料都以蓝色为主色调。

④现场设置灯光将品牌Logo打到天花板上，使现场充满品牌元素，加深嘉宾印象。

⑤签到时只发放礼品券，在活动结束后再凭券领取。

⑥其他有关细节待进一步细化。

六、邀请名单及费用预算

（略）

08
第八章 Chapter Eight

汽车4S店会员活动策划

第一节 会员活动认知

一、会员业务的价值

客户服务的最高境界是一对一服务，在力所能及的基础上充分满足客户需求。会员制服务为这一境界的实现提供了可能性。

① 在竞争激烈的前提下，只有通过会员制才能有效地锁定客户，减少投诉。

② 客户服务的最有效手段是不断地与客户进行沟通，会员制服务就是要解决沟通问题。

会员业务给汽车4S店和客户均带来不同的价值，对汽车4S店而言，其价值体现在下图所示的方面。

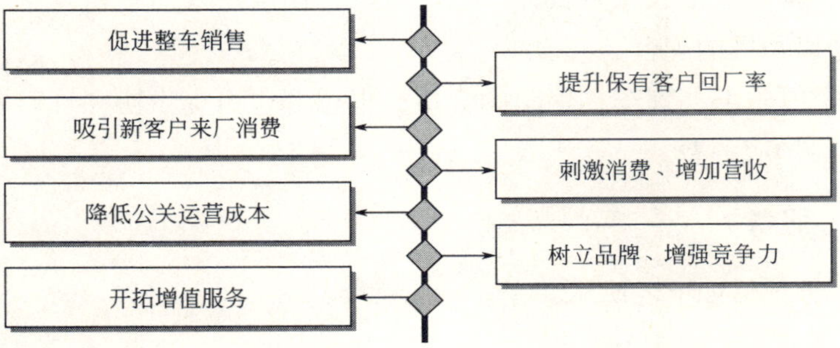

会员业务带给汽车4S店的价值

而对于客户来说，会员业务的价值体现在下图所示的方面。

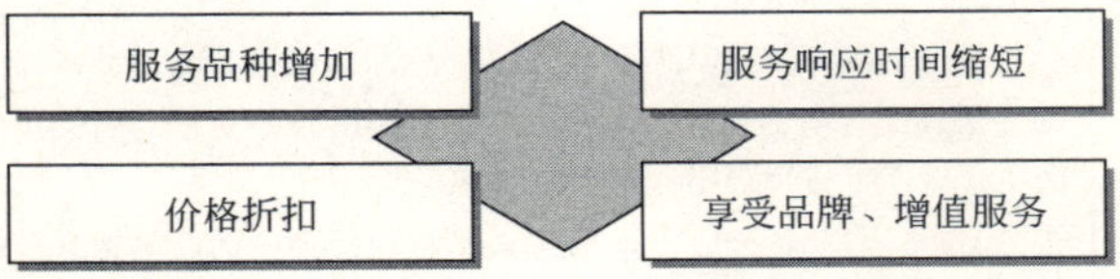

会员业务带给客户的价值

二、会员常见服务项目

1. 会员代办服务

会员代办服务包括定期保养提醒（提前1周）、车辆年检提醒（年检前1个月）、服务活动提醒（活动前1个月）、驾照审核提醒（提前1个月）、车辆规费提醒（以月为单位）、新车上牌代办、车辆年检代办、旧车交易代办、牌证补办等，会员可以选择短信、电话、电子邮件的提醒服务方式。

① 代办服务的免费是指免代办的服务费，仅限城区范围内，项目本身发生的费用由会员承担。

② 所有的代办服务均需在俱乐部规定时间内预付相关费用，再行办理，俱乐部不垫付。会员未预付费用，俱乐部将不予办理并不承担任何责任。

③ 会员在向汽车4S店工作人员交接车辆实施代办服务时，均需签署委托单（含验车程序）。

2. 新车保险及续保服务

保险续保享受最低折扣优惠、对汽车投保进行科学的保险险种组合、对保险索赔进行实务指导、保险代理免服务费代办、保险理赔免服务费代办。

会员可以选择短信、电话、电子邮件的提醒服务方式。

① 俱乐部协办出险理赔的对象必须是已在本俱乐部参加保险的车辆。

② 俱乐部协办出险理赔的车辆必须在本4S店维修。

③ 俱乐部协办理赔时，会员需提供真实、完整、齐全的相关材料，给予积极的配合，并签订委托书。

④ 会员入、续会登记表缴费代办一栏内注明，出险后及时提供真实、完整、齐全的相关材料，并予以积极的配合。

⑤ 对非在本俱乐部办理车辆保险的会员，俱乐部也可提供协办理赔服务，但需收取总出险赔付额5%的服务费。

3. 会员贴心服务

会员贴心服务项目如下表所示。

会员贴心服务项目

序号	服务项目	说明	备注
1	事故车、故障车现场抢修服务	（1）会员的车辆在行驶中陷入困境无法行驶，只要拨打24小时紧急救援电话，告知俱乐部卡号、姓名、联系方法、车辆所处地理位置等信息 （2）汽车4S店工作人员详细询问车辆故障信息，会员要详细、如实提供并积极配合电话指导，以免产生不必要的抢修费用。若会员不配合电话指导而产生救援费用，由客户负责 （3）确实需要抢修，专业救援人员将在接到电话后迅速赶至现场进行不解体、不换件的紧急抢修，使车辆恢复行驶 （4）外地抢修，过路、过桥、油费需按实支付	如因场地、设施等因素限制或因故障严重等原因致使救援人员无法现场修复的，则将车辆拖回汽车4S店

序号	服务项目	说明	备注
2	拖车服务	（1）在救援区域内会员按照不同的会员类别享受相应的免费拖车服务 （2）如果拖车的范围超出救援区域，则按一定标准进行收费	
3	现场换装备胎	（1）会员需随车自备足气备胎 （2）如需俱乐部提供轮胎，须事先说明车型、排量及钢圈、铝圈等情况，换新胎的材料费自理，工时费收费标准根据会员不同类别的相关标准执行	
4	紧急送油	会员车辆在行驶途中遇燃油用尽，自己无法解决时，致电24小时服务热线可获得送出汽油服务，油价按市价收取	

三、会员入会升级

1. 入会方式

汽车4S店不是靠卖会员卡来赚取利润的，因此对于客户入会，不要设太高的门槛，而是要让全部的保有客户加入会员俱乐部。

入会一般有销售入会、带车入会、消费入会、驾培入会、交会费入会五种方式。

2. 会员卡办理

会员要入会，第一件事情肯定是需要办理会员卡。汽车4S店可参考下图所示的会员卡办理流程。

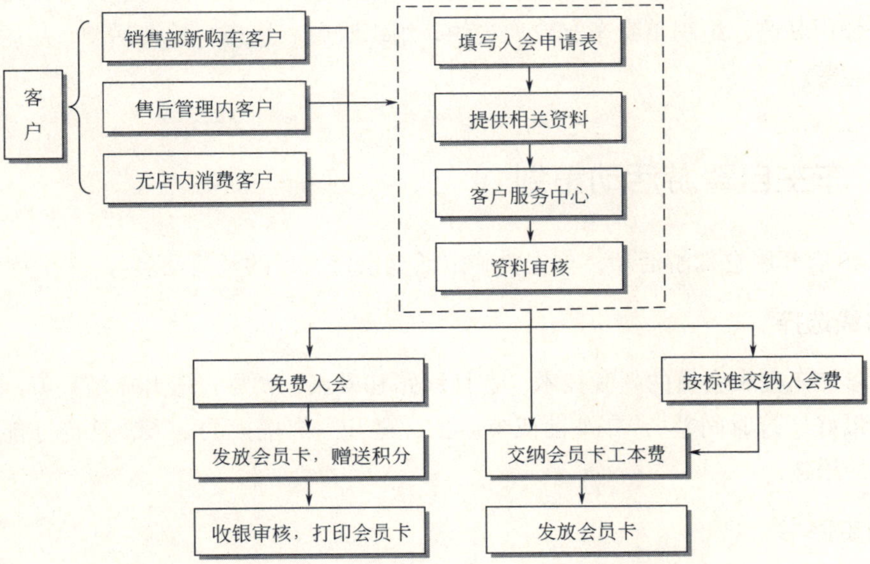

会员卡办理流程

3. 入会卡级别确定

基于80/20法则，对客户以往消费数据库进行分析，客户享受的会员卡级别参照客户以往对公司的忠诚、利润贡献度大小来决定。

4. 会员卡分类

会员卡可定义为钻石卡、金卡、银卡，按卡类别配备相应的服务包。

5. 会员资格期限

会员资格有效期为一年，会员资格到期，续会可以采用缴纳续会费、使用卡内积分抵扣（如用500积分）、续保金额在一定金额以上（如续保金额在3000元以上）等方式。

6. 会员升级

普通会员升级为高级别会员条件，可以采用累计消费积分达到升级条件时，直接进行升级；以一定的积分进行抵扣升级为高级别会员；入会后有一次正常维修金额在5000元以上等方式。

第二节　会员活动策划

一、常见会员活动

通过对会员活动开展，一方面加强客户与汽车4S店的紧密度；另一方面为车主会员提供一个集娱乐、交朋识友、结识商务伙伴于一体的互动平台。

汽车4S店可以组织会员活动，包括组织同行业会员联谊，组织会员自驾游，组织会员与其他公司联谊，组织单身车友玫瑰之约，组织野餐、烧烤、秋游活动，组织车友迎新春文艺晚会等。

二、车主自驾游活动策划

汽车4S店开展自驾游活动，首先要确定活动宗旨、目的及活动名称。

1. 路线选择

根据参加车型和会员的驾驶技术，选择线路和景点。要尽量避开旅游高峰期，如果确定要去，最好“打时间差”，在节前或节后去，避开熙熙攘攘的游人，这样才能充分享受到自驾游的乐趣。

2. 制定路书

① 每天详细行程安排。

② 根据详细的交通地图册，选择行驶路线，计算行驶里程。

③ 开车路线（包括途经的地点、里程、道路特点等）。

④ 途经的景点风光简介、食宿安排等。

⑤ 整个行程的费用，包括保险、收费、导游、门票、住宿等。

3. 时间安排

在进行时间安排时，一定要预留好机动时间。

① 整体日程安排上，应该本着前紧后松的原则。自驾车旅游过程中，有可能因道路、天气或车辆故障等原因耽搁行程，所以最好不要把行程安排得过满，应留一定的机动时间。

② 即使在路面条件良好的情况下，一天的行程也最好不要超过600千米。

③ 每天早些出发，尽量不要安排赶夜路，以确保行程安全。

4. 设计联谊游戏、活动

① 事先设计一些互动节目，准备一些实用的节目小奖品，将给自驾游增添不少意想不到的乐趣。

② 设计的丰富节目，让车主们在自驾游过程中，不仅体验到爱车的卓越性能，欣赏到秀丽的自然风景，同时还增进彼此的了解，结交不少新朋友。

5. 具体行车路线推荐

选择行驶路线的原则是，最好多选择高等级公路和国道，这些道路一般都有比较完善的路标和加油站等服务设施，同时最好能避开拥挤道路，这些都有助于避免各种意外情况的发生。

6. 活动装备

活动前必须告知所有参加的会员，需要准备哪些装备，俱乐部为大家准备哪些装备，可以让大家有充分的准备。

（1）必须携带的物品装备　如下表所示。

必须携带的物品装备

序号	类别	说明
1	衣物	根据行程时间提醒会员，天气会有变化，携带必要的防寒衣物
2	行车证件	身份证、驾驶证、行驶证等
3	摄影／摄像器材	应注意电池、存储卡等是否充足
4	通用随车维修工具	应对一般换胎等简单紧急维修
5	手电	参加自驾游，无论是否有夜晚行动，带上手电应成为一种习惯

（2）为会员配备的设备　如下表所示。

为会员配备的设备

序号	类别	说明
1	对讲机	为每一辆车配备1台对讲机，方便联络及车内聊天
2	车载GPS	为每个小组配备1台GPS（导航系统）
3	车载电源	有了电源，驾车行程中手机充电、看DVD、用电脑等就不用发愁了，汽车4S店将为每一辆车配备1套车载电源

（3）建议携带的物品设备　会员参加活动时，建议携带的物品设备包括下表所示的内容。

建议携带的物品设备

序号	类别	说明
1	随身药品	会员根据自己的身体情况携带防晕车、防过敏等的药品
2	保温杯（桶）	旅途中喝些热水是非常舒服的，建议会员携带不锈钢保温杯（桶），可以泡杯热茶或冲杯热咖啡

7. 注意事项

① 必须与所有人员签订自驾游安全协议书。

② 出发前提醒会员给车加满油，并且必须检查好车辆，如润滑油、助力油、刹车油、冷却液、轮胎气压、备胎、灯光等。

③ 提示会员仔细阅读路书，在车辆依次编号之后，各自熟悉一下前后车辆的颜色和车型。

④ 出发前要安排会员测试对讲机、检查电池，保证行驶过程中对讲机工作状态良好。

⑤ 提前约定会员上路后必须听从组织人员的安排，按编号依次行驶，遵守交通规则，不要随意超越前车，以免发生危险。尽量做到统一行动，若途中有特殊情况，及时与服务车及工作车联系。

⑥ 到达目的地后，组织人员安排会员依次、有序地将车辆停在指定位置，并提醒会员离开车辆时将车门锁好，车内不宜放贵重物品，以免遗失。

⑦ 为保证安全，要提醒会员进入景点后，必须跟着导游和团队，以免掉队，做到走路不看景，看景不走路，大景不放过，小景不流连，拍照不要慌，先对身后望。转换景点前组织人员必须清点人数。

⑧ 提醒随行会员，不要随便进入未开发的景区，以免迷失方向。游山不宜背负太多行李。

第三节　会员活动策划方案

下面提供几份××汽车4S店会员活动方案的范本，仅供参考。

【范本】

××汽车4S店车主自驾游活动方案

一、活动目的

① 进一步树立××品牌形象，向会员全面推介××汽车。

② 配合新款××汽车的上市，使广大消费者尤其是目标客户及时了解新品的全面情况。

③ 通过此次活动加深老客户对新款××汽车的印象，提高目标客户对品牌的向心力，从而最终达到提升品牌知名度、促进新款车型销售、扩大××影响力的目的。

④ 突破以往新品上市举办新闻发布会的传统信息发布模式，使客户在独到、新颖的活动中亲身体验××汽车的高性能、高省油性，达到自然的口碑广告宣传效果，有力地补充新品推广的广告宣传渠道。

⑤ 夏日结伴出游，将令汽车4S店和相关客户及媒体之间的关系更加亲密，同时，也可以收集到更多、更准确、更真实的市场反馈信息，以利于汽车4S店更好地开展市场推广工作。

⑥ 如果此行效果良好，可不定期地开展这一活动，通过系列活动的方式不断增进汽车4S店与客户之间的感情。具体活动人数可以根据实际情况而定。

二、活动时间

××××年6月下旬（双休日）。

三、活动主题

（略）

四、活动地点

（略）

五、活动对象

① ××汽车4S店所有会员。

② 媒体人员。

六、具体操作

1.前期准备

① 前期宣传：在××杂志上进行××新品的前期宣传，预告"××一日游，××伴我行"的活动信息，引起广大受众对此次活动的关注。

② 由销售部人员联系会员及有购买意象的客户，并说明××汽车自驾游的相关事项。

③ 车辆准备：老车主自驾车（是否需要客户加满油需要待定），公司提供免费检测服务。

④ 其他人员驾驶汽车4S店提供的××汽车。

⑤ 汽车4S店对报名参加自驾游的人员进行筛选、确认，并决定最终来宾名单（参加人员是否可以携带1名同行人员需要待定）。

2.活动线路

起点：××汽车4S店。

终点：××××。

路线：可根据市场推广需要决定行进路线，考虑到双休日车辆较少，可以适当选择一些繁华地点经过，以扩大××的品牌影响。

3.活动内容

（1）前期准备

① 8:00　所有会员在××汽车4S店集合。

② 8:00～8:45　工作人员负责对车辆停放位置统一安排，并逐一对参加自驾游的车辆及人员进行登记，相关人员对来宾车辆以及所有参加自驾游的××汽车进行统一装饰，

张贴印有活动主题和××标志的车身贴，并对车辆进行编号，在车头及车尾醒目位置张贴号牌。工作人员向每位参加自驾游的人员发放行进路线图和活动注意事项说明。

③ 8:45　召开简短的活动说明会（介绍行进路线、注意事项等）。

④ 9:00　车队从汽车4S店出发，按计划路线至××（或其他活动地点），车队领队人员及陪驾人员由汽车4S店统一安排。

⑤ 10:30　车队需行驶一小时左右（根据道路交通情况而定），有车辆掉队或出现任何意外时，车队将继续前行，由活动服务保障人员负责处理相关事务。所有车辆按编号行驶，不能私自超车和停车，通过红绿灯路口时，通过和没通过的车辆均必须报告，通过的车辆须慢行等待未通过的车辆，如有其他事宜，须和总领队随时联系，应保持整个车队队形一致，以安全驾驶为第一原则，同时也可以更好地展示××品牌的整体形象。

（2）活动当日

① 11:30　车队到达目的地，进入活动场地，车辆驾驶人员到工作人员处签到，领取资料袋和纪念品，同时报名参加各项游戏，各项游戏将以展板形式在签到处予以宣传（在发放传统纪念品的同时，也可以考虑发放一些当地的特产等）。

② 11:50　客户进入主会场，汽车4S店领导致辞。

③ 11:55～13:00　酒会（可特意安排一些当地最具特色的农家菜以突出农庄游的别致之处）。

④ 13:00～13:20　客户自由交流、休息。

⑤ 13:20～15:00　户外互动活动——旅游景点，××竞技场。

⑥ 15:00～16:00　客户游览当地景点（可根据实际情况选择一两个景点游览）。

⑦ 16:00　活动结束，车队返程。

七、出行注意事项

① 自备个人生活卫生物品、户外休闲旅行服装、换洗衣物、旅游鞋、棉袜等。

② 汽车4S店配备药品：晕车灵、止泻药、创可贴、感冒药等，其他药品自备。注意行车中不能使用含扑尔敏成分的药品，以免影响安全驾车。

③ 个人自备饮用水、零食、照相机等旅游物品及身份证、驾驶证、行驶证等与车及车主有关的证明材料。

④ 自驾车装备：千斤顶、备胎、专用维修工具、易损零配件（一批），备足油量、车况的安全检查（油路、电路、刹车、底盘、方向盘、冷却液、车灯等）。

⑤ 所有参与活动者，必须严格遵守有关规定及工作人员安排，注意安全，忌酒后开车和疲劳驾驶，切勿擅自脱离队伍活动，以免发生意外。

【范本】

××汽车4S店车友会——迎新年联谊会

一、活动目的

为加强车友会会员与汽车4S店、社会各界之间的交流，增进各方面的友谊，特举办

"车友会年会"活动，倡导车友会的车友会员们文明驾车从我做起，争做带头人。汽车拉近了城市之间的距离，也增进了热爱生活的年轻人的友谊，在活动中，既能让平时在都市繁忙中疲惫的身心得到休息和释放，更能在活动中认识新朋友，互动地交流生活体验，分享精彩和快乐。

二、活动宗旨

倡导文明驾车，增进车友会会员之间的友谊，提升车友会在社会上的形象与地位，促进车友会健康、良性发展，促进车友会与汽车4S店之间的合作。

参加人数：30人。

礼品：凡参加本次活动的车友会员们都将免费得到价值300元的礼品卡一张，另外每辆车送免费四轮定位一次。

三、活动概述

活动主题：××汽车车友会迎新年联谊会。

活动时间：(略)

活动地点：(略)

活动邀约对象：所有车友会会员。

邀约方式：短信平台、电话通知、网络宣传、平面广告。

四、活动前期宣传工作

① 店内(条幅、海报、展架)进行店面的宣传。

②"短信平台"为车友会员们发送活动时间、地点。

③《××晚报》进行报纸宣传。

④ ××网络宣传。

⑤ 易车网。

五、活动内容

本次迎春车友联谊会活动主要分为2个部分。

车友联欢滑雪：

车队开车前往××××滑雪场，在滑雪场体验冬日的别样风情。拉近车友间的距离，增进车友间的感情，从而达到此次活动的目的

车友新年会餐：

在展厅联谊会活动结束后，还特意为车友们安排了新年会餐，拉近与车友间的距离。车友联欢共同迎接崭新的一年

六、活动前期的物料

① 制作条幅以及宣传用品。

② 海报的制作、车友俱乐部章程条款及活动签到本。

③ 活动中冰上拔河比赛的绳子及获胜队的精美小礼品。

④ 设计××汽车品牌、××汽车车友会会标及会旗。

七、活动当日人员安排

人员	执行项目
	当天现场总指挥
	公司领导讲话
	来展厅签到、客户接待
	司机
	照相
	维护活动现场秩序
	车队车辆的维修

八、活动当日流程

8:00　客户来展厅签到（销售顾问做好引领工作）。

8:40　车队向滑雪场出发（车队按序号行驶）。

9:30　车队到达滑雪场。

9:40　车队成员集合,点名之后拿雪具开始滑雪（一定听从教练的指导）。

10:20　组织车友进行游戏环节（获奖者有精美礼品）。

11:30　车队所有成员合影留念。

12:00　滑雪结束，组织车队按序号前往饭店会餐。

12:30　车队到达会餐饭店。

12:50　车队联谊会会餐开始，总经理举杯发言。

13:00　市场部代表公司发言（感谢车友在过去一年里对××品牌汽车的支持，对平时工作的予以配合）。

15:30　会餐结束，全体车友会员合影留念。

九、注意事项

① 发扬团队协作精神，倡导自助与必要的互助相结合的活动理念。顾全大局，有良好的集体观念，有良好的时间观念，乐于帮助其他人。

② 如果车友中途要退出活动，一定要向负责人打招呼，以确保车友安全。

③ 车队行驶过程中要保持车距，按照序号行驶，不要超车。如果有掉队的车辆，其他车辆上的人员有义务帮助掉队车辆。

④ 滑雪本身是有危险性的活动，滑雪期间一定要听从指挥，不得擅自离队，一定要注意安全。

⑤ 准备急救箱以及一些常用药物，工作人员要维护好现场秩序。

十、活动预算

（略）

【范本】

××汽车4S店车友会活动方案

一、活动目的

通过现场的布置、节目安排及人员的讲解，吸引目标客户群体，提升客户对此次活动的关注度和项目的认知度。从车友聚会中，扩大××汽车俱乐部的影响，提升××汽车俱乐部的知名度。与此同时传播××汽车4S店车友俱乐部的文明形象和氛围，提高××汽车俱乐部的商业价值。

二、活动主题

以车会友，我们——天涯共知己。

三、活动时间

（略）

四、活动场地

酒店会议厅、多功能厅。

五、活动内容安排

1.场内主要活动节目

（1）开场舞（水鼓舞） 水鼓集声、光、水为一体，激昂的乐曲、鼓动的节奏、激情四溅的水花、优美的舞姿、魅力无限的灯光频闪效果，演绎出灿烂、振奋的舞风和鼓韵，给观众目不暇接的视觉冲击和审美享受，充分体现了不断攀升、不断探索、不断创新的情结和生生不息的群体精神风貌。

在大型活动现场，一场水鼓舞预示着接下来的生意兴隆，红红红火。以中国红为底色，承托出现场火热的气氛，高涨的人气，是造势活动的绝佳选择。

（2）互动近景魔术 舞台表演虽然显得神秘，却总与观众产生距离，舞台魔术师们也在努力“互动”，但总体仍在台上。近景表演则不同，它和观众零距离，如此难度除更需手法干净、一招一式天衣无缝之外，还必须靠语言来引导观众，方能完成设计严谨的节目流程，这与我国小戏法的表演不谋而合。艺人们的手和口（说白）融为一体，使人在感到亲切、幽默、风趣的同时，平易中发生了奇迹，产生互动效果。

互动近景魔术，不必耗费巨资，却能使我们平凡的生活闪出火花。魔术对普通人来说不再是遥不可及，近景魔术可以成为不同国籍之间通行的“世界语”。它将使你用魔术的神奇让你轻松与人交往，与众不同！

（3）现场乐队表演 热情的乐团表演贯穿全场，使活动从头至尾不再单一枯燥，在乐团的烘托下可以更好地烘托现场氛围。

（4）互动抽奖 车友聚会，美食之余，欣赏节目之中，主持人现场活跃气氛，台上台下互动，抽取幸运大奖，幸运车友翻动抽奖墙墙面（奖品以优惠券、纪念意义小礼品为主）。

（5）车友现场才艺大展示 各地车友，在共同爱好者面前，展示个人魅力，释放往日生活压力，使餐会气氛再次达到高潮。

2. 礼待天下（送礼品、美食）

参与的各地车友，品尝美食的同时，凭借邀请函都可以获得现场赞助商给予纪念品一份。

场内活动形式如下。

（1）冷餐会会场布置　冷餐会入口放置花篮以及以车友会为主题的宣传展板，花篮要求以红艳为主，象征这次的冷餐会的成功，并设置贵宾签到台和礼仪人员，贵宾签到后，由礼仪人员带领贵宾踏着红地毯进入会场主活动区。

（2）嘉宾活动区域　要配置会场秩序人员4名和6名传餐服务员，身高要1.7米以上。

（3）主持人台　主持人的选择对于一场冷餐会相当重要。邀请有实力的乐队，在冷餐会进行到必要的时候配合适当的音乐，以达到烘托气氛的作用。

（4）冷餐长桌以及香槟台的配置　冷餐长桌的配置大小也很有讲究，每张7～8米，可以根据嘉宾数量配置相对数量的冷餐桌。每张餐桌铺金黄色纱衬，显贵族气氛。香槟主要由高脚香槟酒杯来盛，然后摆成塔装，可摆成6～8层，8层最佳。

（5）设置酒水吧台　酒水吧台主要是针对那些对酒精过敏或者不胜酒力的嘉宾设置。

（6）嘉宾休息区　为嘉宾提供休息和洽谈商业合作提供方便。

（7）节目表演区　节目表演区的台子一定要大且结实，能够一起容纳多人同时登台，最好采用钢架结构搭台。

六、活动流程

1. 筹备阶段

（1）活动宣传　通过在网站、微信、短信、户外广告、电台、报纸、×××油站广告、微博、彩页等相关媒体上进行宣传，为活动造势，加大知名度和潜在顾客关注度。

（2）特别邀请　针对汽车行业及相关行业，以邀请函的方式发出邀请，提升商业价值和关注度，可以形成大型行业商圈促进交流，使汽车行业更能了解××汽车俱乐部。

（3）场地布置　搭建广告大牌、空飘、开幕礼台等。

9:00～9:40　进场接待设接待地点，对到来的嘉宾进行统计接待。

9:40～10:00　开场舞（水鼓舞精彩献舞）。

10:00～10:20　领导致辞，主持人热场。

10:20～10:50　精彩节目（热舞、魔术）。

10:50～14:30　品评美食，乐舞升平：美食，商谈交流，乐团演奏，各地车友才艺大比拼，现场抽奖。

14:30～16:30　爱车一族，巡街展览，赞助商车行参观。

16:30～17:30　××市景点一览。

具体行程可根据实际情况进行安排，活动可扩展为2天。

2. 宣传方式

（1）社会媒体

① 报刊媒体：报纸彩页的广告宣传、夹缝广告等。

② 网络媒体：××网网站信息推广。

③ 电台媒体：××市电台的连续报道、节目广告插播。

④ 户外广告：户外LED电视大屏播出推广。

（2）宣传规划

① 阶段规划：主要宣传方式。

② 宣传预热期：手机短信、网络电台相结合，户外广告联动造势引发关注。

③ 活动执行期：全程摄像，提升参与感，形成意向购买群。

④ 活动后期：现场活动后，所有资源放于网站之上进行进一步推广，联合报社撰写相关报道，使其效果更深入人心。

⑤ 活动成效：促使并实现最终购买。

3. 抽奖奖品

抽奖奖品

等级	数量	奖品
一等奖		
二等奖		
三等奖		
四等奖		

09

第九章 Chapter Nine

汽车4S店公益活动策划

第一节 公益活动认知

一、公益活动的概念

公益活动是组织从长远着手，出人、出物或出钱赞助和支持某项社会公益事业的公共关系实务活动。公益活动是目前社会组织特别是一些经济效益比较好的企业，用来扩大影响，提高美誉度的重要手段。因此，汽车4S店可以采用公益活动的形式来提高影响力。

二、公益活动的作用

对于汽车4S店来说，公益活动具有下图所示的作用。

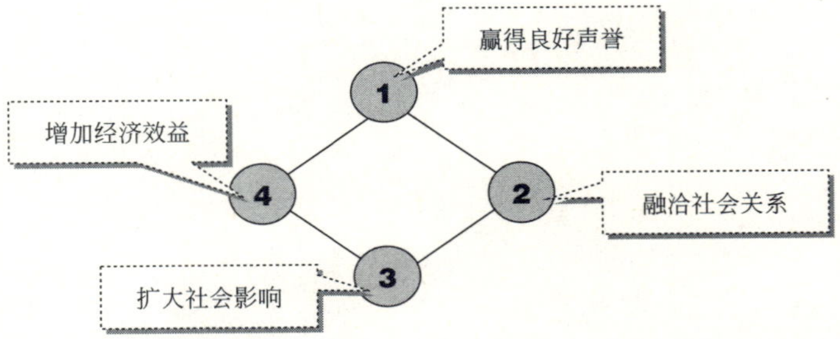

公益活动的作用

1. 赢得良好声誉

组织开展公益活动，体现了助人为乐的高贵品质和关心公益事业、勇于承担社会责任、为社会无私奉献的精神风貌，能够给公众留下可以信任的美好印象，从而赢得公众的赞美和良好的声誉。

2. 融洽社会关系

组织开展公益活动，多数是对社区公益事业、福利和慈善事业的赞助，能够密切与社区有关公众的联系，融洽社会关系。

3. 扩大社会影响

组织开展公益活动，可以配合公共关系广告攻势，通过新闻媒介，扩大组织影响。

4. 增加经济效益

提高了汽车4S店的知名度和影响力，加深了与公众之间的感情，融洽了社会关系，会给公众留下深刻的印象，公众会从对组织的良好印象，联想到组织产品的良好形象，有利于组织经济效益的增加。

比如，2008年汶川地震，王老吉捐出1亿元，其产品形象大大提升，所达到的效果比用1亿元所做广告达到的宣传效果更好。

策划一点通：

社会公益活动从近期来看，往往不会给企业带来直接的经济效益，而且使企业付出额外的费用，但是，从长远来看，通过这些公益活动，企业树立了较完备的社会形象，使公众对企业产生好感，为企业创造了一个良好的发展环境。

三、公益活动的类型

汽车4S店要做好公益活动，首先要了解公益活动的类型，如下图所示。

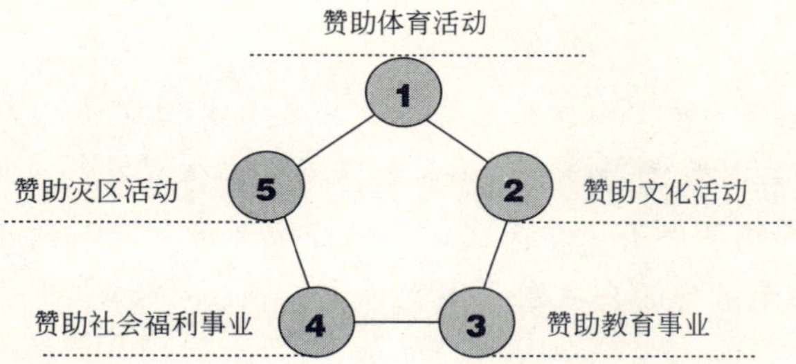

公益活动的类型

1. 赞助体育活动

体育运动目前成为全民性运动，特别是一些国际性的体育盛会，可以超越国家、民族和文化等各种界限，吸引成千上万的人们注意。企业向这类活动提供赞助，可以迅速提高知名度，扩大产品销售。

比如，健力宝正是靠大力赞助全运会、亚运会、奥运会等举世瞩目的大型体育运动打响品牌，创立名牌，塑造善尽社会责任的优良企业形象。因此，健力宝在这方面堪称典型的一例。

2. 赞助文化活动

文化生活是社会生活的重要内容之一。组织进行文化生活方面的赞助，不仅可以促进文化事业的发展，丰富公众的生活内容，而且可以培养与公众的良好感情，大大提高组织的知名度。这类赞助方式有下图所示的两种。

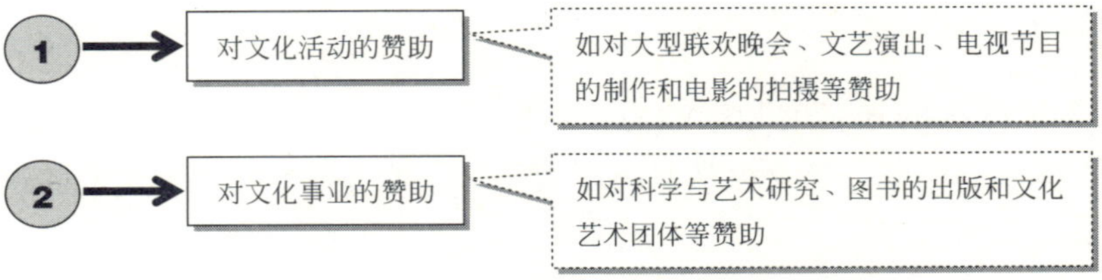

赞助文化活动的方式

3. 赞助教育事业

赞助教育事业，常见的赞助方式有四种，如下表所示。

常见的赞助方式

序号	方式	说明
1	赞助学校的基本建设	如图书馆、实验楼等的建设，或者为贫困地区建校办学、修缮校舍或场地
2	赞助学校专项经费	如专项科研基金和设立奖学金等
3	赞助教学用品	如设备、器材和图书资料等
4	赞助学术理论研究活动	

案例

2017年6月28日早8时，由吉林省松原大为起亚4S店发起、起亚品牌车主参与的“爱心无界”捐赠乌兰图嘎岱音村希望小学的活动发车仪式在夏日暖阳中举行，没有隆重的仪式，所有的车辆均贴有“希望小学，松原大为专营店”的车贴标志。沿珲乌高速公路列队奔赴100千米外的乌兰图嘎岱音村。

车队到达捐赠现场

上午10点30分，捐赠仪式正式开始。首先，东风悦达起亚4S店总经理代表公司向希望小学捐赠了图书和儿童玩具等物品，并在讲话中表达了公司各级领导对希望小学的关注，希望通过本次捐赠活动，让村里的孩子们也能阅读更多优秀的课外书，更对孩子们提出殷切希望。学生代表在发言中也表达了对东风悦达起亚长期以来大力帮助与支持的感激之情，表示要用优异的成绩回报社会，长大后也要将这种爱心之火继续传递下去。随后，松原悦达起亚4S店员工们为每位学生分发了捐赠的物品。

点评：

通过这次捐赠活动，松原大为起亚4S店为慈善事业做出了贡献，也为贫困小学的孩子奉献了爱心，从他们的日常学习所需出发，回馈社会，造福于民；另外，也提高了品牌4S店的企业形象，又能够带动行业内其他企业参与公益事业。

4. 赞助社会福利事业

赞助社会福利和慈善事业，是指组织通过出资参加社区市政建设，为各种需要社会照顾的人提供物质帮助和开展义务服务活动等措施。

常见的赞助社会福利和慈善事业形式有赞助养老院、福利院、康复中心、公园、少年宫，在一些地区或单位遭受灾难时提供资助，出资修建社区马路、天桥以及赞助残疾人事业等。

策划一点通：

企业选择对各种慈善事业、社会福利事业进行赞助，比较容易获得社会各界的普遍好感。

5. 赞助灾区活动

资助灾区，为灾区人民排忧解难，是社会公益活动的一个重要内容。中国人素有“一方有难，八方支援”的传统美德，当灾情到来之际，若企业能够适时地组织此项公关活动，就会极大地触动社会公众的情感心弦，使社会公众产生共鸣。

案例

2013年4月20日8点02分，四川省雅安市芦山县发生7.0级地震，面对突如其来的自然灾害，全国人民迅速行动起来，充分发挥“一方有难、八方支援”的精神，加入到各尽其能的支援灾区行动中。2013年4月22日，远隔千里的长春，吉林省润城实业集团长春市长城汽车4S店第一时间做出反应，组织了“吉林润城长城汽车员工及车友向雅安灾区慈善捐款”的活动。

捐款现场

点评：

在短短的1小时内共募集善款6万余元，这些善款在第一时间通过相关部门汇入灾区，对救灾工作尽些微薄之力。

第二节　公益活动策划要点

一、制定赞助政策

根据汽车4S店的现状、目标、政策和经济能力，决定年度公益活动赞助金额，制定切实可行的赞助政策。

二、传播赞助信息

公共关系人员应该把汽车4S店的赞助政策，通过适当的传播渠道和传播方式，传递给可能向本汽车4S店提出赞助要求的单位。

三、确定赞助对象

确定赞助对象可按下图所示的四个步骤进行。

确定赞助对象的步骤

1. 掌握赞助对象情况

包括赞助对象业务内容、社会信誉、公众关系、面临问题等，以便有选择地进行赞助。

2. 了解赞助项目情况

包括项目提出的背景，对公众的影响力，花费的财力、人力与物力情况，以及操作实施过程中可能出现的困难和问题等。

3. 进行成本效益分析

即对赞助成本（汽车4S店付出的全部财力、人力、物力）与综合效益（赞助活动可能获得的经济效益与社会效益）进行分析比较。

4. 认真审核赞助对象

汽车4S店的赞助活动应纳入科学管理的轨道，即以汽车4S店的公共关系目标、面对的社会环境为出发点，按照有利于汽车4S店综合效益提高的原则，充分考虑多方面利益，协调平衡，确定赞助对象，防止盲目赞助或因个人主观感情色彩而影响赞助。

四、沟通赞助对象

已经批准确定的赞助对象，要及时通知对方，做好实施准备。对不能满足或者不能全部满足赞助要求的对象，应该坦率相告，诚恳解释原因，争取互相理解。

五、实施赞助计划

汽车4S店应安排专门公共关系人员或汽车4S店专门工作班子，负责赞助活动的具体实施。

1. 负责分工落实

对整个赞助活动中的各个项目或环节，应分派具体人负责落实，各负其责，密切配合。

2. 运用公关技巧

在实施过程中，公共关系人员应充分运用各种公共关系技巧与方法，以求最佳效果。

3. 扩大汽车4S店影响

赞助活动本身就是为了扩大汽车4S店的影响，因此在赞助活动中，应尽量利用多种传播方式、途径，帮助主要活动的开展，扩大其影响。

比如，利用大众传播媒介广泛宣传报道，利用广告传播烘托气氛，强化效果。

六、进行效果评估

赞助活动完成后，汽车4S店应进行效果评估，要总结经验，吸取教训，同时注意下图所示的几个方面。

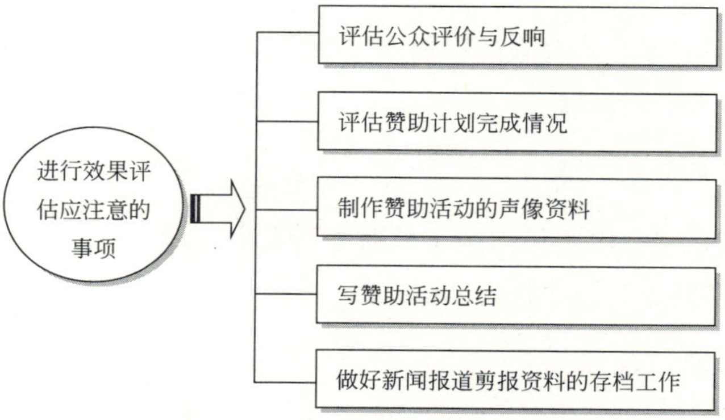

进行效果评估应注意的事项

第三节　公益活动策划方案

下面提供几份执行方案的范本。

【范本】

××汽车4S店爱心公益营销活动及车友近郊游玩执行方案

一、活动概况

1.活动背景

① 东风悦达起亚2018年销售支援部注重商代处公益活动持续性，着力塑造东风悦达起亚热衷公益、具有社会责任感的企业公民形象。

② ××4S店一直秉承东风悦达起亚公益理念，积极投身爱心公益事业，先后多次组织员工、车友进行爱心物资捐助。如2008年冰灾援助受灾人群、支援汶川地震灾区；2009年爱心助学；2011年阳光义务献血；2012年通道火灾奔赴前线救援等公益活动，得到车友大力支持、媒体广泛报道以及社会各界好评。

2.活动目的

① 通过爱心公益捐助活动，提升××4S店品牌形象的同时为客户提供一次参与公益活动的机会。

② 利用城市近郊游玩活动，为客户带来愉悦的驾驶体验，彰显东风悦达起亚汽车的优质性能，提高××4S店的市场影响力和品牌口碑。

二、活动内容

1. 爱心捐助

活动时间：2018年×月××日上午。

活动地点：××××。

捐赠对象：待实地考察后确定。

活动人数：20辆车左右（每车4人）。

活动形式如下。

① 邀请15～20名××汽车俱乐部会员（家有儿女且年龄在4～8岁），及部分意向客户（以家庭为单位），老车主开车携带新车主，4人为一组，到店集合，发放活动统一物料。

② 抵达当地政府安排的统一捐赠场所举行捐赠仪式，对成绩优异的贫困学子给予特别鼓励，并选择数户当地贫困家庭上门探访捐款。

③ 车队整装，形成统一的视觉效果，增强车队在行进中的视觉冲击力，邀请1～2家电视媒体跟拍。

2. 自驾游玩

活动时间：×月××日下午～××日。

活动地点：××××。

参考景点：×××、×××、×××。

活动人数：30辆车左右（每车4人）

活动形式如下。

① 安排××汽车4S店俱乐部会员与保有客户同车共游，增加新老客户之间的沟通，实现用车感受的传递与交流，打造口碑传播的最直接渠道。

② 夜探×××，登顶×××。

上午：捐赠仪式及贫困家庭探访后入住×××宾馆，在景区的农家乐吃午饭。

下午：坐船游××景点（门票：108元）。

晚上：参加××大型篝火晚会。

第二天上午：游览××景区的自然风光。

第二天下午：游览××景点。

三、项目执行

1. 前期筹备

（1）景点（学校）排查　排查城市周边贫困学校，并与该学校负责人联系，了解学校基本信息，学校到城市的距离与时间；排查学校附近可进行游玩的地区，在捐赠活动结束后携带新老车主在附近景点进行游玩。

（2）线路排查（踩点）　在确认捐赠学校及旅游景点的前提下，安排工作人员进行实地考察，以保证路线的准确与行程的安全。踩点时间可按城市不同情况进行调整。

（3）人员招募（客户邀请）　向新老车主介绍活动形式，邀请新老车主参与本次活动。

（4）注意事项

① 捐赠对象排查：

◆ 实实在在的贫困校区、贫困家庭；

◆ 距离发车地点驾驶时间不超过2小时；

◆ 前期与学校负责人电话沟通，并开车进行实地排查，确保路线准确性；

◆ 与当地政府沟通布置统一的捐赠场所；

◆ 确保活动当天有数名优秀贫困学生接受捐赠，并做好学生学习成绩背景调查及特困户家庭背景调查。

② 景点排查：

◆ 正规，有知名度且有地方特色的景点；

◆ 距离适中，离捐助场地不宜过远，确保景点的连贯性；

◆ 踩点时提前安排好食宿，方便停车且车辆存放安全；

◆ 确保参加活动车主的人身安全，避免安排有安全隐患的旅游路线。

③ 其他事宜：

◆ 活动前沟通会议，落实到每个现场工作人员的任务分配；

◆ 活动物料清点并提前准备到位；

◆ 电话邀约老车主到店进行车辆检测，确保车辆安全行驶；

◆ 景点及捐赠场地、人员跟进沟通，确保2名以上工作人员熟悉学校及景点各方面信息；

◆ 检查工作用车，确定外出工作人员，无特殊原因不允许第二天进行更换；

◆ 依照实际情况可添加条款。

2.活动流程

第一天	第二天
8:00 ~ 8:30　签到（发放对讲机、饮用水，张贴车贴）	8:30 ~ 9:00　集合整队
8:30 ~ 10:30　发车前往统一捐赠场所	9:00 ~ 10:00　发车前往 ×××
10:30 ~ 11:30　爱心捐赠仪式	10:00 ~ 12:30　游玩 ××× 国家森林公园（观赏 ×××、×××、×××、×××、×××、×××、×××、×××、××× 等景点）
11:30 ~ 12:30　探访特困户家庭	12:30 ~ 13:30　农家乐午餐
12:30 ~ 14:00　前往午餐地点吃饭并稍事休整	13:30 ~ 14:00　开车前往另一景点
14:00 ~ 15:00　重整车队，发车前往 ×××	16:00　集合返程
15:00 ~ 17:30　景点游玩	
17:30 ~ 19:00　农家乐晚餐	
19:00 ~ 20:30　篝火晚会	
21:00　入住 ××× 宾馆	

3.自驾路线

（略）

4.注意事项

① 请各位车主朋友准备好“三证一卡”（身份证、驾驶证、车辆行驶证以及车辆保险卡）和手机。“拼车”的车友也请携带好身份证和驾驶证，出发前一定确定车辆相关手续齐全，带好行驶证、保险卡。特别重要的是，车辆年检标识、交强险交纳标识等一定要按照要求粘贴在车辆前挡风玻璃的相应位置。

② 请参加本次自驾游的车友提前对车辆进行综合检查（轮胎、备胎、制动系统、灯光、水箱、机油等），以确保整个行程的安全。

③ 建议各位车友穿活动自由的休闲鞋和服装，游玩时服从工作人员安排，注意安全，尤其照顾好同去的儿童。

四、任务分工

1.××公司

① 配合执行贫困学生、家庭排查，景点踩点。

② 景点、餐饮、食宿场地联系预定。

③ 活动方案撰写及物料设计。

④ 物料印刷及制作。

⑤ 确定行车路线。

⑥ 活动报道，邀请报纸、网络媒体记者跟进报道及1～2家电视媒体跟拍。

2.××汽车4S店

① 当地政府联系与沟通。

② 活动参与人员邀约。

③ 活动车辆检查，确保安全出行。

④ 捐赠物资打包装车。

⑤ 应急医药箱。

五、活动预算

（略）

【范本】

行有道，爱无界——关爱自闭儿童Jeep汽车公益慈善会

一、活动目的

借助本次爱心活动为特殊群体儿童尽一份力，增加媒体曝光度，提升品牌的社会公信力，树立良好形象，增加品牌美誉度。

通过一系列拍卖活动为公益组织募集善款，让客户以合适的价格购买车辆，以客户名义奉献爱心，同时增加品牌汽车的销量，一举多得。

二、爱心捐助机构——天津童之舟

天津童之舟，是天津第一家自闭症儿童培训机构，是在民政局注册的民办非营利组织。由自闭症孩子家长所创立。机构成立于2002年8月，原名“天津刘氏”。2010年9月，机构经过全面整合，正式更名为“天津童之舟儿童发展中心”。“童之舟”这个有着“同舟共济，风雨同舟”含义的新名字，祝福我们的孩子虽经历风雨但可以乘舟一直驶向幸福的明天。

三、活动概况

活动名称：行有道　爱无界

　　　　　关爱自闭儿童天津Jeep爱心公益捐助活动

活动宣传：4S店官方微博、微信、车惠网。

活动人员：Jeep客户与潜在客户。

四、活动调性

以浓厚的文化氛围彰显高雅，以温馨的公益活动展现柔情，以丰富的互动内容尽享尊崇。

五、活动布置

① 现场布置签到心愿墙，制作成爱心形状，来宾到场后礼仪人员为每人分发一朵粉色玫瑰，粘贴在爱心内，形成独特的爱心墙，寓意“汇聚爱心”。

② 来宾签到后，每人将会获得一个4S店特制的圆筒，里面装有本次公益活动定制T恤一件，为来宾制造惊喜，同时能够营造公益活动的氛围。

③ 现场展示爱心车辆，制作爱心车贴，并配以鲜花、气球、装饰，重点展示车辆，并凸显活动主题。

④ 制作互动游戏任务卡，客户到场签到后发给客户，并向客户介绍互动环节及意义（现场布置易拉宝进行互动说明展示，让客户更加明确），客户根据要求完成互动，便可获得Jeep爱心胸章一枚，同时客户完成互动后4S店将为天津童之舟捐款××元。

六、活动流程

本次活动流程围绕捐赠主题整体分为三个环节。

（1）互动游戏捐赠　开场前期引导客户进行互动，赢得爱心徽章，4S店即捐赠相应善款。

（2）现场购车捐赠　客户现场购车，4S店即捐赠相应善款。

（3）物品拍卖捐赠　组织字画、礼品等进行拍卖，购买者成交金额捐赠。

具体流程安排如下表所示。

安排	时间	项目	备注
	14:00～16:00	客户签到	参加团购活动的客户签到；工作人员登记客户信息，领取签到礼品
互动游戏捐助	14:00～14:30	书画展览	现场进行书画展览展示，并邀请名家现场创作字画，古筝伴奏配合
	14:30～15:00	互动游戏	“心中有爱”，在名人指导下，每个客户用毛笔书写“爱”字，得到认可便过关
	15:00～15:30	茶艺表演	专业人员进行茶艺表演
	15:30～16:00	互动游戏	“品茗人生”，在茶艺老师指引下品茶，选出正确的茶品，过第二关
现场购车捐助	16:00～16:05	沙画表演	沙画演出开场，介绍自闭症，将客户带入氛围
	16:05～16:10	主持人登场	向客户问好，介绍嘉宾及活动概况
	16:10～16:20	车型介绍	销售顾问对Jeep活动车型进行介绍
	16:20～16:25	宣读规则	主持人介绍本次公益团购活动环节及参与方式
	16:25～16:35	团购政策公布	销售总监宣布团购捐赠政策以及爱心车竞拍
	16:35～16:40	宣布购买名单	如有订单，主持人宣布客户购买名单，刺激其他客户的购买欲，销售顾问跟踪洽单
互动游戏捐助	16:40～16:45	古筝表演	互动环节，客户听表演猜乐曲的名字，并将答案写在互动卡上，答对赢得徽章
	16:45～17:00	赢得徽章	统计结果，为完成互动客户发爱心胸章，并将相应善款放入捐款箱

续表

安排	时间	项目	备注
爱心义卖捐助	17:00～17:10	儿童作品拍卖	自闭儿童作品拍卖
	17:00～17:20	书画作品拍卖	名人现场字画进行拍卖
	17:20～17:25	公布善款	主持人统计并公布本场活动募得善款金额
	17:25～17:30	捐赠仪式	Jeep 4S店负责人与天津童之舟自闭儿童康复机构负责人进行捐赠仪式
	17:30～17:35	合影留念	向购车及拍卖客户致谢，成交客户集体合影
	17:35	活动结束	主持人宣布活动结束

【范本】

××汽车4S店“捐资助学”公益活动方案

一、活动主题

共同成长××见证。

二、活动招募时间

（略）

三、活动招募地点

××汽车4S店展厅内。

四、活动举办时间

（略）

五、活动举办地点

（略）

六、活动内容

购买××款向“希望工程”献爱心“1+1助学”活动。

七、活动主办

××汽车销售有限公司、××青少年儿童基金会。

八、活动参与媒体

××电视台、××交通台、××广播、××网、××报等。

九、活动目的

树立品牌的社会形象，扩大产品知名度及美誉度，树立用户群体的良好社会口碑，弘扬互助友爱的精神。

十、活动详情及形式

1.详情

在活动期间购买××款客户相当于向“希望工程”捐助1名小学生3年的学费。爱心车主及××汽车4S店通过××儿童少年基金会及当地妇联，将钱款捐给受捐学校。

2.形式

××汽车4S店内招募。

十一、活动方案

1.前期推广招募

（1）平面媒体　通过报纸广告宣传活动信息。

（2）网络宣传　通过网站宣传活动信息。

（3）店面宣传　通过店头宣传物向到店客户宣传活动的信息。

（4）短信群发　通过短信平台向××潜在客户宣传活动的信息。

2.准备阶段

文字资料、图片资料需要当地妇联和受捐助学校提供，用于本次活动的宣传。

十二、活动基本流程

① 参与活动的爱心车主在指定地点规定时间集合，向爱心车主讲解活动行程安排及注意事项。

② 对爱心车队进行编号，并清点人数及捐赠物品，驾车前往目的地。

③ 活动现场“一对一”捐助仪式。

④ 受捐助同学代表发言。

⑤ 爱心车主代表感言。

⑥ ××汽车4S店领导讲话。

⑦ ××青少年儿童基金会领导感言。

⑧ 爱心车主自由活动（参观学校或到受捐助同学家访）。

⑨ 在规定时间、指定地点集合车队，返回。